JN028446

こころがふわっと軽くなる ACT（<ruby>アクセプタンス&<rt></rt></ruby>コミットメント・セラピー）

ガチガチな心を柔らかくするトレーニング

著

刎田文記

Haneda Fumiki

星和書店

　私たちのこころの問題は、私たちを取り巻く環境との関係の中で始まり、私たちの言語行動と感情・感覚のありようの中で大きくなっていきます。そのため、すべての人が、こころの問題を抱える可能性を持っているのです。

　ACT（アクセプタンス＆コミットメント・セラピー）は、私たちが自分のこころのありように気づき、気づいたこころとの向きあい方やつきあい方、そして生き方を選ぶ方法です。

　ACT は、すべての人のための、そしてすべての人に役立つ科学的で合理的な心理的アプローチです。

　この本は、一部の専門家のためだけではなく、すべての人に ACT やその基礎理論である CBS（文脈的行動科学）について伝えることを目的にしています。

　新しい何かを「学ぶ」とき、「学習」と「学問」というやり方があります。

　「学習」とは、習うことで学ぶやり方です。つまり、誰かから教えられ、与えられる学びです。

　「学問」とは、問うて学ぶやり方です。つまり自らに問いかけ、考え、気づくことによる学びです。

　ACT を学ぶとき、いろいろな本を読み、専門的な知識を読み解きながら学んでいくことは重要ですが、それだけでは不十分です。私たちが抱えているこころの問題は、私的出来事（感情、感覚、思考、記憶、イメージ）という私たち自身以外には触ることも見ることも、知ることもできないこころのありようと密接に関係しているからです。ACT を学び実践できるようにな

るためには、自分について学問し、自分に合ったACTの使い方を学問する必要があるのです。ACTのアプローチは誰かから提供されるだけのものではなく、究極的には私たち一人ひとりが、取り組み、学問し、手に入れていくものなのです。

　どんな優秀な専門家でも、初めてその入り口に立ったときには「わからない自分」「できない自分」と向きあうことになります。それを学ぶのはなぜなのか？ 誰のためなのか？ それは自分のためなのか？ そんなことを自問自答しながら、まるで山登りのように一歩ずつ歩みを進めていきます。頂へと向かう道には、上りもあれば下りもあります。谷や崖もあれば、美しい花や景色に出合うこともあります。そうかと思うと突然、ガス（霧）で真っ白になったり、真っ暗闇の中に一人たたずんでいたりすることもあるでしょう。そんな苦悩や苦痛に出合い、それらを抱えながらも、妥協せず、あきらめず、そして急がずに一歩一歩その道を歩んでいくしかありません。あたかも山登りをするかのように、自分のこころの問題と向きあい、そのつきあい方を学んでいくACTのアプローチは、一歩ずつ歩みを進めることで私たちの誰もが手にすることができる方法なのです。

　文脈的行動科学と呼ばれる、人の行動や認知についての本質的なアプローチを学ぶ最初の一歩として、この本を役立てていただければ幸いです。

目　次

やってみよう & エクササイズ一覧

やってみよう

エクササイズ

＊注… ◁)) のマークのあるエクササイズは、音声を聴きながら行うこともできます。
　　巻末（p.182）を参照してください。

第1章 こころの問題の原因を考える

ヒトの共通の願い

　ヒトの共通の願いとして、「いつも元気でいたい」「いつも幸せでいたい」と思うのは自然なことです。一方で、私たちはそう思いながらも健康を損なわれることが頻繁にあります。風邪を引いて熱を出すことも多いですし、ケガをしてしまうこともあります。職場で働きすぎて疲れきってしまい、元気がなくなってしまうこともあります。

　元気でいることは大変です。私たちはいつも幸せでいたいと願いますが、本当に幸せでいつづけられる人はほぼいません。元気や幸せというのは、追い求めても、追い求めてもなかなか手に入らないものです。逆に言えば、不幸せだなと感じながら生活することが多いからこそ、幸せでいたいという共通の願いを持って生活をしているのだと考えることができます。

　いつも元気で幸せでいるために、私たちは**居心地の良いゾーン**（場所）を持っています。そこで過ごすことができると安心でき、安全な場所だと実感できます。一緒にいて居心地の良い人もいます。子供たちであれば、お父さんやお母さんと一緒にいると居心地良く過ごせますし、自分の部屋では安全安心に過ごせて、友達と楽しく過ごせます。

　私たちにとって居心地の良いところというのは、何でも好きなことができる場所であり、それを許してくれる人と一緒にいることだと考えることもできます。例えば、私には２人の子供がいます。娘は中学３年生で受験生です

が、ちょっと目を離すと、スマホで動画を見たり、マンガや小説を読んでいたり、絵を描いたりといったことが頻繁に見受けられます。受験生なので受験勉強をしてくれるといいのですが、自分の部屋に入って、居心地の良い場所で好きなことをしているのです。

このように居心地の良いところは、本人にとってとても素敵で大切な場所です。しかし、こういった場所にいて、自分の将来に向かって幸せを手に入れるための何かに取り組むことができるのかというと疑問です。

良い仕事を見つけようと思うと、たくさん勉強をして、良い高校、良い大学へと進んだほうが選択肢としては広がります。ただし、強要して進ませようとすると、子供は反発し、つまずいてしまいます。そういう方向に進むことがより良いことなのだと自発的に思えれば、成長や幸福の実現のための困難に向かう努力をするようになるかもしれません。

毎日学校に行って、先生たちの授業を好むと好まざるとにかかわらず一生懸命聞き、ストレスを感じながらも模擬試験を受けて勉強の成果を試すといったことも同じです。それが自分にとってあまり嬉しくない結果であっても受け容れるということが、自分が成長していくためには必要だからです。

こうしたことは、学生時代だけではなく、会社に就職してからも言えます。例えば、疲れたといってタバコを吸いに行き、トイレに入って休むといったこともできます。しかし、会社の中で一人になれる居心地の良い場所にいては、仕事は進みません。みんなと一緒の職場の中で、ときに上司の厳しい目にさらされながら、仕事を続け、頑張って成果をあげていくといったことをしていかなければ、良いポジションに就き、昇給していくということが難しくなります。

学校や会社、いろいろな人が集まる公の場では、私たちは自由に好きなことができるわけではありません。行動を制限され、その場その場で求められる役割に没頭し、やるべきことを強く求められます。これは、**居心地の良くないゾーン**ですが、そこで努力をし、頑張ることで、自分たちの成長や幸福を実現することができるのです。つまり自分の成長や幸福の実現は居心地の

良くないゾーンで達成されると言っていいかもしれません。

　将来的なことを考えると、ストレスにさらされながらも居心地の良くない
ゾーンで頑張っていくということが必要です。しかし、私たちは元気で幸せ
でいたいので、居心地の良いゾーンに戻りたくもなるわけです。そういった
自分の葛藤と向きあいながら、両方の選択をしていかなければならないとい
うのが、私たちの人生なのかもしれません。

　ただし、居心地の良くないゾーンで頑張りつづけると、眠れなくなり、ご
はんが喉を通らなくなるといったことも起こります。長期間にわたってスト
レスにさらされながら頑張っていくためには、セルフケアがうまくできると
いうことが大切です。良い睡眠、良い休養、良い食事を心がけながら、将来
の夢の実現のため居心地の良くないゾーンで頑張る。そして、ときどき居心
地の良いゾーンに戻って自分自身を自由にしていく。そういった生活のバラ
ンスが必要なのです。

活力ある生活を実現するために
――自分のことを知ること

　居心地の良くないところで、活力ある生活を実現するために、私たちにと
ってどのようなことが必要なのでしょうか。そのことについて考えてみまし
ょう。

　活力ある生活を実現するために、まず必要なことは「**自分のことを知る**」
ということです。

自分は誰を大切にしたいのか？

　自分のことを知ろうとするとき、まず、自分が誰を大切にしたいのかを考
えてみましょう。家族、友人、あるいはパートナーでしょうか。大切にした
い人たちの中に、もし自分が入っているとしたら、どのように大切にしたい
のかということも考えてみてください。

● 自分は何を大切にしたいのか？

大切な人が誰かを見つけたら、次は、自分が何を大切にしたいのかを考えてみましょう。安らげる時間やほっとする時間を大切にしたい人もいるでしょうし、自分が成長することを大切にしたい人もいるでしょう。オリンピックに出るとか、アイドルになるなど、自分の将来の目標を大切にしたい人もいるかもしれません。あるいは、自分の家族や子供たちが安心して生活できることや、十分な成長を支えるための環境を与えることを大切にしたいと考える人もいるかもしれません。

● 将来、どんな自分になりたいのか？

大切にしたいものを絞り込んだら、今度は、自分にどんな特徴があり、どんなところを伸ばしたいのか。どんな仕事に就きたいのか。どのように社会の役に立ちたいのか。そういったことを明確にしていくと、そのための努力の方向性もわかりやすくなってきます。それが不明確なままだと、どこに向かっていけばいいのかわからなくなり、やみくもにいろいろなものに手を出し、自己実現を目指すのに十分な力を蓄えることが何一つできないということになってしまいます。

● 自分の好きなところ、嫌いなところは？

自分の特徴や努力の方向性を見定めるためには、自分が**自分の好きなところ、嫌いなところの両方をしっかりと見定める**ことが大切です。運動が得意。英語が好き。漢字の勉強をするのが大好き。字がきれい。おしゃれ好きで、ウィンドウショッピングをしたり、ファッション雑誌を見たりするのが大好き……。誰でも自分の良いところを見るのは好きです。ですから、自分の好きなところ、やっていて楽しいことは、見つけやすい自分の側面でもあります。

一方で、自分の嫌いなところは、できるだけ見たくない。できればこころの中のどこか隅っこのほうに押しやって、箱の中にしまい込み、見えないと

ころに隠してしまいたいと思うのが普通です。自分が不得手なことは隠したいですし、努力していない事実も隠したいと思うでしょう。

苦手なところを見ないようにして生活することも一定程度できます。ところが、自分の人生の中で問題が起こると、それを見ないわけにはいかなくなることもあります。

友達とケンカをした。お父さん、お母さんから怒られた。大事なパートナーと別れ話になっていて、なんとか修復して元に戻りたい。会社でうまく仕事ができず、このままだといられなくなるのではないか。学校での成績不振のため、進学できないのではないか。学校でいじめられて、学校に行くのが嫌になった……。

こうしたときに、私たちは自分の変えるべきところはどこか、どこを直したらいいのか、どのように振る舞えばうまくいくのかと、考えなければなりません。変えるべきところを改善できれば、学校でも会社でもより適応的な生活ができるようになるでしょう。

このように考えると、自分の好きなところも嫌いなところも自分のこととして知るべき重要な部分だと言えるでしょう。活力ある生活を実現するために必要なことは、まず「**自分のことを知ること**」です。少し勇気がいるかもしれませんが、勇気をもって自分のことを顧みる、自分のことを知ろうと考えてみるということが大切なのです。

活力ある生活を実現するために ——自分を整えること（セルフケア）

活力ある生活に必要なこととして、「**自分を整えること（セルフケア）**」も大切です。

私たちが大切にしたいことに向かって行動しつづけようとすると、居心地の良い場所ではなく、ストレスを感じるような居心地の良くない場所で一生懸命に取り組まなければなりません。そうするとまず身体が消耗します。で

すから「からだの健康」を維持することが重要になります。きちんと三食**食事**をとることや、十分な**睡眠**をとることは大切ですし、便秘にならないように毎日**排泄**を行えるということも大切です。そして、入浴や、うがい、手洗いをしていつも**身ぎれいにする**（整容）ことも必要です。

　私たちは、こうしたからだの健康については常日頃注意を向けていますが、こころの健康についてはどうでしょうか。日々の生活では、こころの健康についてはあまり考えていないかもしれません。

　こころの健康とは何なのでしょうか。まずは「**柔軟な考え**」を持つということです。こうしなければならない、このように振る舞わなければならないといった凝り固まった考え方を持っていると、壁にあたったときに乗り越えられなくなってしまいます。うまくいかないこともあるかもしれませんが、このように振る舞えたらいいなという柔らかな考え方を持てていれば、失敗したときに修正しやすくなりますし、うまくいかなかったときにもショックを受けず、次の手を考えることができます。

　柔軟な考え方を持つためには、うまくいったこともうまくいかなかったことも含めて、自分がどんな自分であっても自分自身のことを受け容れていくという「**自己受容**」の姿勢が重要です。眠れないと訴える人たちに話を聞くと、自分自身が失敗したこと、誰かといさかいを起こしたことについて、くよくよと何度も何度も考えるといいます。何日もずっとその考えに縛られていて、あのときこうしていれば、このときこうしていれば、なんとかあの時間に戻れないかといったことを考え、時間を過ごしてしまうのです。

　では、自分自身に対して「慈しみ」の気持ちをもって一日を終えることができればどうでしょうか？

　嫌なこともうまくいかなかったことも受け容れ、そして、「うまくいったとは言えないけれど、最大限できるだけのことは今日はやったよ」と私の中のもう一人の私が言って、自分自身に対して「慈しみ」のこころを持ちます。それができれば、明日また別のやり方でもう一度やってみようと思えます。また、今日は万全を尽くしたと寝る前に自分に対して言えれば、良い睡

14

眠にもつながります。

　慈しみや共感のこころを自分に対して向けることができれば、自分自身を苦しめたり、批判したりする厳しい自分と対峙しつづける必要がなくなるわけです。多くの人は慈しみを自分に向けることができず、自分をいじめ、苦しめ、悩ます考えに囚われていることが多いのです。

　慈しみの気持ちを持てれば、自分に対して「**励まし**」の言葉をかけることもできますし、励ましの言葉をかけるだけの「**余裕**」があれば、他者に対する思いやりのある振る舞いも行いやすくなるかもしれません。

　このように、こころの健康を維持し、自分でケアするための方法として本書で紹介するＡＣＴ（Acceptance and Commitment Therapy：アクセプタンス＆コミットメント・セラピー）があります。それらの方法をうまく身につけ、自分自身を受け容れ、慈しみ、励ましていくことができるように学んでいっていただければと思います。

こころは何からできているのか？

　私たちのこころは、どのようなパーツでできているのでしょうか？

　こころとは何かというのは、非常にわかりにくいところでもあり、学術的にも諸説あります。

　ここでは、行動分析学という科学的な考え方に基づいて、こころがどんなパーツからできているかということを、シンプルなアプローチで整理をしていきたいと思います。

　あなたは、悲しいという感情が出てきたとき、その感情はどのあたりで感じますか？　胸のあたりでしょうか。

　苦しいという感じはどのあたりで感じますか？

　胃や腸のあたりでしょうか。これは人によって違っているようです。胃のあたりでキュルキュルするような感覚がある人もいますし、息ができないような感じを喉元で感じる人もいます。

私たちの感情や感覚は、からだのいろいろな部位と結びつき、からだのどこかにあるような感じがします。しかし実際のところ、感情や感覚は、その変化を脳が受けとめて、私たちに知らしめているわけです。

　「楽しい」や「嬉しい」というのはどこで感じますか？「悲しい」や「嬉しい」を色で表すと何色ですか？

　「嬉しい」は黄色や明るいタンポポの色でしょうか。「強烈に嬉しい」になると赤やオレンジになるかもしれません。一方、「悲しい」は寒色系で、ブルーやグレーでしょうか。感情や感覚は、私たちのこころのパーツとして備わっていて、からだのいろいろな部位で、またいろいろな温かさや色として感じることができます。

　感情や感覚はからだの中にありつづけますが、小さな感情や感覚は無視することもできます。そんなとき、私たちはこころで何をしているのでしょうか。そんなとき、私たちはおそらくさまざまな言葉を操り、考えています。

　一日のうちに、頭の中で考えている時間はどのくらいありますか？

　私たちは、起きてから寝るまで四六時中ずっと何かを考えています。考えていない時間を探すほうが難しいくらいです。常に**思考**しています。特に新しい場面に遭遇すると、どう振る舞ったらいいのだろうと考えをめぐらせます。以前どう振る舞ったのかを振り返って、振る舞い方を決めるということもよくします。振り返っている先は、**自己概念**です。例えば、初めて会った人にどう話しかけようかと考える。いつもはこんな言葉遣いをして、このように話しかけているという自分の辞書である自己概念を開いてみる。そしてこう話しかけようと決める、といったやり方です。

　道を歩いていると、ときどき前に通ったことのある道だと気づくことがあります。そこでは**記憶**が想起されます。懐かしい人に会うと、思い出が走馬灯のようにわき起こってきます。小学校・中学校時代の友達に会えば、当時に戻ったかのように思い出話に花が咲きます。記憶が想起され、そのときの思い出を、今まさに感じているかのように感じることができるわけです。

　これらのような思考や自己概念、記憶も、私たちのこころのパーツに含ま

れています。

　思考や自己概念、記憶には、**感情や感覚**が伴うことがあります。こころにはいくつかのパーツがあり、それらが組み合わされています。しかし、どのように組み合わされているのかがわからないので、私たちはこころというものがふわふわした、どこにあるのかわからないものとして感じるのかもしれません。

　こころは、ふわふわしていて不安定ですから、自分たちを現実の世界から遠ざけることがあります。こころの中そのものに意識を集中させてしまい、囚われてしまうことも多くあります。

　では、そういったこころのパーツ一つひとつについて、次に詳しく整理をしていきましょう。

こころのパーツ・その１：感情・感覚

　こころのパーツの１つ目は、「**感情や感覚**」です。感情や感覚は、きっかけがあると引き起こされます。きっかけによって必ず引き起こされるのが感情や感覚です。

　例えば、梅干しを口の中に入れると、酸っぱいという感覚が生まれます。そうすると、反射的な行動として唾液が出ます。これを、心理学の言葉で「**レスポンデント行動**」と呼びます。

　専門用語を覚えていただくのが目的ではありません。レスポンデント行動というのは、私たちの遺伝子上に組み込まれている生得的な行動です。遺伝子上に組み込まれているので、レスポンデント行動はすべての人や動物でみられます。

　食べ物を口の中に入れたら唾液が出るといった反応は、パブロフの犬の実験でもわかるとおり、イヌにもありますし、ネコにもサルにもあります。口の中に食べ物が入って唾液が出ないと、うまく消化をすることができないので、私たち脊椎動物のほとんどは、生まれる前に遺伝子に組み込まれた反射

的な行動として、この行動を持っているわけです。

　明るいところに急に出ると瞳孔が狭くなる。耳元で大きな音がすると思わず耳を塞いでしまう。生まれたばかりの赤ちゃんであれば、手にモノが当たるとキュッと強い力で握りしめる把握反射を持っています。また、抱っこされて立たされると、必ずどちらかの足を前に出し、片方の足が地面につくと今度は次の足を出すといった、歩いているかのような動作をします。

　このような生得的、反射的な行動は、種の保存のために必要な振る舞い方として、遺伝子の中に書き込まれ、引き継がれてきているわけです。反射的行動は、私たちの中にはたくさん存在しています。例えば、8時間くらいごはんを食べないと、お腹がグーッと鳴りだして、「空っぽだよ」という合図を送ってくれます。24時間寝ないで仕事をしていると、疲れてきて、目がショボショボし、アクビが出て、眠いという体感が出てきます。トイレに行かず我慢していると、膀胱がパンパンになり、お腹が張ってきて、トイレに行きたい感じになります。そして便器の前に立つと、自然におしっこが出てきます。

　ボールペンで手の甲を突くと、「何か当たったよ」という痛みが一瞬出てきます。しかし、その痛みはしばらくすると消えていきます。反射的な行動は、一定の刺激があると必ず反射的に行動が生じますが、長続きはせず、刺激がなくなると薄れていきます。

　私たちが常日頃感じる感情である不安や恐怖あるいは喜び、楽しさも、実はレスポンデント行動、反射的な行動です。真っ暗なところに行くと、急に不安になりますし、高いところに登ると足がすくんで恐怖を感じます。

　例えば、震度5強くらいの地震が突然来て足元が揺れると、なぜ揺れているのだろう、どのくらい揺れるのだろうといった不安感にさいなまれます。足元が揺らぐといった刺激に対して、レスポンデント行動が誘発され、不安感や恐怖心が現れるのです。私たちは、嫌なことや想定外のことが起こると、不安や恐怖を感じます。なぜそのようなものが遺伝子に組み込まれているのでしょうか？

これらは、私たちに何か危険が迫っているかもしれないということを知らせる警報装置のようなものです。お腹が空いたとか眠いという感覚は、自分自身が生きていくのに必要なものが足りなくなっているといったシグナルですが、不安や恐怖といった感情も警報装置なのです。この装置は、私たちに危険が迫っている、こんなことが起こるかもしれないといったことを知らせ、どのような振る舞い方をするか選択する余地を与えてくれているのです。

　レスポンデント行動は、決まった刺激に対して決まった反射的な行動が出るだけでなく、決まった刺激に別の刺激を付けて提示すると、その別の刺激に対しても反射的な行動が出てくるようになるという特徴があります。例えば、梅干しを食べながら、「この梅干し酸っぱいね」「今年は特によく漬かっていて酸っぱいよね」という会話をしていると、**音声**の梅干しという言葉が、梅干し自体と一緒に提示される（対提示）ことになります。また、梅干しのパックを見ると、「梅干し」と書いてあるので、「この梅干し紀州の梅だね」と言いながら**文字**を読んでいると、文字でも梅干しが対提示されることになるわけです。そうすると、私たちは知らず知らずのうちに「梅干し」という言葉を聞き、「梅干し」という文字を見ただけで、口の中に変化がもたらされるようになっていきます。

　どうですか。今、口の中で何か起きていませんか？ 唾液がいつもより多めに出てきていませんか？

　これが「レスポンデント条件づけ」と呼ばれる現象です。何かの反射的な行動を誘発する刺激が、音声や文字といった何か別の刺激と一緒に提示されると、その提示された本来は反射的な行動をもたらすものではなかった刺激が、反射をもたらす刺激としての機能を持つようになるわけです。

　例えば、高所恐怖症の人が、「東京タワーのてっぺんに登ってみようか」と言われると、ちょっと嫌な感じになり、不安な感じを覚えます。実際まだ登っていなくても、言われただけで、怖い思いをするのではないかと不安感が出てきてしまうわけです。言葉に過去の体験が紐づき、高いという共通の

ワードを勝手に引き出し、不安感をもたらす。これもレスポンデント条件づけによってなされたこころの動きなのです。

　私たちはレスポンデント条件づけという方法で、さまざまな刺激から反射的な行動が生じるようになりますが、条件づけられた行動は薄めていくということもできます。消去という方法です。梅干しの例で言えば、梅干しという言葉だけを聞かせつづけると、だんだん唾液の分泌量が減っていき、元の状態に戻るということがわかっています。しかし、一度学習されたものは、再び対提示されると途端に元の条件づけられた状態に戻るといったことも生じます。

こころのパーツ・その２：言語行動

　こころのパーツの２つ目は「**言語行動**」です。言語行動は、先ほど述べたレスポンデント行動のような生得的、反射的な行動とは違って、生まれたあとに身につける行動の代表的なものです。

　言葉を学んでいくときには、**きっかけ**が必要です。言葉に対応するものがきっかけとして提示されると、そのきっかけに対して話し手は言葉を発します。言葉を発すると環境に変化が生じ、それが**結果（フィードバック）**となります。その結果（フィードバック）が言葉を話した人にとって心地良いものであるか、心地良いものでないかが重要です。もしその結果が、その人にとって心地良いものであったときには、この言語行動ときっかけの間の関係性は強められていきます。言語行動ときっかけの間の関係性が強められるというのは、同じようなきっかけが提示されたときに、同じような言葉を発する可能性が高くなるという意味です。逆に、結果が心地良いものでなかった場合、言語行動ときっかけの間の関係性は弱められていく、つまり同じようなきっかけが提示されたときに、そのような言葉を発する可能性が低くなります。

　このように、ある**きっかけ（A）**に対して**行動（B）**が生じる可能性が、

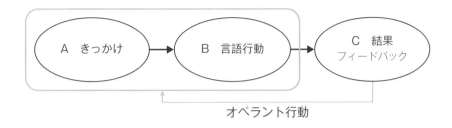

オペラント行動

結果（C）によって影響を受けていくというやり方で学ばれていくものが「**オペラント行動**」です。この行動の学習を「**オペラント条件づけ**」という言い方をする場合もあります。オペラント行動の学習では、きっかけ（A）、行動（B）、結果（C）をセットで捉えること（ABC分析）が必要となります。

　新たな学習をするときには、あるきっかけに対してある行動をした結果（フィードバック）が、きっかけと行動のつながりを強めたり弱めたりします。

　例えば新しい課題や仕事に取り組んでいるとき、（きっかけ：A）「わからないところ」があって、（言語行動：B）誰かに「質問した」としましょう。このとき、（結果：C）「わかりやすい説明がある」がフィードバックとして返されると、［わからないところ（A）］→［質問する（B）］のつながりが強められ質問する行動が生じる可能性は増加するでしょう。ところが、結果（C）が、「わかりやすい説明がある」ではなく、「無視される、馬鹿にされる」の場合には、［わからないところ（A）］→［質問する（B）］のつながりは弱められ、質問する行動が生じる可能性は下がることになるでしょう。

言葉の学習

　オペラント行動の代表例が「言葉」です。**言葉の学習**が成立する場合、きっかけの一つとして聞き手の存在が必要になります。話し手の言葉に対し

て、フィードバックしてくれる人が聞き手だからです。聞き手が存在し、何か出来事があるという環境下で、誰か（話し手）が言葉を発します。そして、その言葉に対する聞き手のフィードバックによって、私たちは言葉を身につけていくということになるわけです。

　例えば、子供がお母さんと一緒にいるときに、灰色のかわいいウサギが走り去るのを一瞬目にしたとしましょう。その光景を目にした子供は「あっ、ウサギだ。かわいいね」と、まだウサギに気づいていないお母さんに話しかけます。そうすると、お母さんがウサギを見て、「そうだねー。かわいいね」と言ってくれました。

　お母さんのこの「そうだねー。かわいいね」という声かけは、言葉を発した子供に対して、嬉しいフィードバック、ポジティブなフィードバックとして働きます。そうすると、お母さんがいるときに何か珍しいものを見つけたら報告をしよう、伝えようということが、ひとつの関係性として強められていくことになります。お母さんは良い聞き手として認定されたわけです。

　一方で、とても仕事の忙しい、働き盛りのお父さんが、同じ子供と一緒にいたとしましょう。お父さんは、これから行くレストランの予約時間のことや明日の仕事のことなど、いろいろなことを考えています。そんな時、子供がウサギを見つけて、「あっ、ウサギだ。かわいいね」とお父さんに話しかけました。しかし、お父さんはお母さんと違って、考え事に気をとられたまま、無言で子供の手を引っ張って、レストランへと急ぎました。

　このような振る舞い方は、子供が見つけたもの、伝えてきたことを無視したことになります。これは、子供にとって嬉しい結果、フィードバックではありません。そうすると、その子供はそのようなお父さんに対して、何かを見たときに伝えようとは思わなくなっていきます。こんなことが続けば、あっという間にお父さんは聞き手対象からはずれていくでしょう。子供たちにとってお父さんは良い聞き手ではなく、お父さんには報告してもしようがないという行動習慣が出来上がっていくことになります。よくある家庭の光景かもしれませんが、それは行動分析学の考え方では、このような関係性の中

で徐々に培われていくのです。

　子供が新しいもの、珍しいものを見たときに、報告、伝達するというような行動は、聞き手側であるお母さんやお父さんのフィードバックのありようによって変わってくるのだということをご理解いただければと思います。

あらためて、こころは何からできているのか？

　言葉は、私たちのこころの中では、思考や記憶、自己概念といったいろいろなかたちで使われています。それらは、オペラント行動として、言葉の学習のステップを踏んで学ばれていきます。

　ここで、あらためて、こころは何からできているのか整理してみましょう。外界の環境でのきっかけやからだの中の変化として、知らせたい出来事が生じたときに生まれながらに持っている生得的な反射的な行動や警報装置として感情が出てくる場合があります。また、自分自身のからだの変化を知らせるための感覚も生じます。これがこころのパーツの一つで、行動の分類で言えばレスポンデント行動というものになります。

　さらに、こころは言葉をもたらすきっかけによって動き出すこともあります。私たちは**頭の中で**言葉＝言語行動を使います。町なかにあるものや家の中にある何かを見て、何らかの思考が始まります。町なかにゴミが落ちていると「誰も拾わないのだから！」となりますし、家の中に靴下が落ちていると「また、あいつは脱ぎっぱなしにして！」と考えるわけです。

　何か刺激があると必ず何らか言葉が、私たちの中に現れます。そのくらい私たちは頻繁に言葉を使います。私たちは言葉を、**思考**というかたちで四六時中考えをめぐらせることに使い、**記憶**として体験を蓄積することに使い、**自己概念**として自分の行動の仕方を決めることに使います。

　思考や記憶、自己概念には、ときに**感情**や**感覚**が条件づけによって紐づけされ、言葉を使いながら同時に感情を喚起されるといったことが起こります。

ケーキ屋さんの前を通りかかり、おいしそうなケーキを見ると、ごはんを食べたばかりでも、「食べたいな、お腹すいてきたな」と思いませんか？　ケーキを見た瞬間に過去の体験が想起され、唾液が出るような感覚がわき上がってくるのです。

　このように、さまざまな感情や感覚、言葉は、ごちゃごちゃになって私たちの中に現れ、私たちのこころを構築する一部として成立していくことになります。あまりにもごちゃごちゃしているので、それが別々の行動様式だとは感じず、切り分けることもできないかもしれません。これが、くっついたり、離れたりして、こころの中を複雑にしているのです。特に、ある言葉と感情とが密接にくっついて離れられなくなり、ちょっとした刺激でも強く出てくるようになると、それはこころの問題になってしまうかもしれません。

第2章 言語行動
——コミュニケーションや思考のツール——

言語行動の研究の歴史

　私たちは言葉を学習するとき、他の人とのコミュニケーションというかたちでその能力を獲得していきます。一方で、他者とのコミュニケーションで身につけてきた言葉は、思考と呼ばれる自分自身と対話をする機能として使えるようになります。

　行動分析では、言語行動について古くから研究がなされてきました。行動分析学の始祖、B・F・スキナー（B. F. Skinner）は 1957 年に *Verbal Behavior* という本を出しましたが、これが行動分析の中で言語行動を取り扱った初めてのものです（Skinner, 1957）。そのほかにもスキナーはたくさんの本を書き、行動分析の礎を築きました。

　スキナーが存命の頃、M・シドマン（M. Sidman）が言葉の不思議に迫る発見をしました。前の章で述べたように、言葉というのは直接的に見聞きしたものを聞き手である誰かに伝え、その人からフィードバックを得ることでその人を聞き手として認め、その人に語りかける習慣を身につけていきます。そのように、新しい語彙は直接的な体験の中で学習していくことが基本になります。一方で、私たちは見たことのない何かを誰かに伝えたり、とんでもない作り話や思いもつかないような嘘をついたりすることもできます。また、聞いたことがない話や新しい発見、あるいは新しい機能を持った商品について理解する力も持っています。これらは直接的な体験によらないもの

です。そこでは、身につけている言葉を上手に組み合わせて新しい何かを表現したり、誰かが表現する言葉を聞いて言葉のつながりを再構築したりしながら、理解していくことが必要になります。

　言葉を柔軟に組み合わせるというのはとても不思議な力です。そういったことが本当に起こるのか。起こるのならどのようにして起こるのか。最初に手がかりとなる研究をしたのが、シドマンです。彼は刺激等価性というパラダイム（枠組み）を発見しました（Sidman & Tailby, 1982; 山本, 1992）。

　次に、スティーブン・C・ヘイズ（Steven C. Hayes）は、シドマンの発見した刺激等価性のパラダイムをより広範な認知的な特徴として整理しました。まずヘイズは、スキナーが *Verbal Behavior*（Skinner, 1957）で示した言語行動の機能について別の視点から分析し、そこから出てくる問題や特徴を捉えました。ヘイズの *Rule-Governed Behavior*（Hayes, 1989）という本では、スキナーが言及していなかった聞き手の言語行動について、その機能や特徴を整理しています。また、ヘイズは、シドマンの刺激等価性のパラダイムをもとに、私たちヒトがいろいろな刺激間の関係を派生的に構築する能力を使っていることを *Relational Frame Theory*（関係フレーム理論）という本にまとめています（Hayes et al., 2001）[1]。そして、関係フレーム理論の一つの発展形として *Acceptance and Commitment Therapy*（Hayes et al., 2012）[2]という本で、私たちのこころの問題にどのように向きあっていくのかについて、体系的にアプローチを整理し、構築しました。

　これらの人たちをはじめとして、多くの研究者や実践家が行ってきた研究成果は、私たちがこころの問題を考えるうえでとても重要なもので、基本的な考え方を示してくれています。では、それらの理論をみていきましょう。

---

[1]　ちなみに、関係フレーム理論に関する本では、*Learning RFT* という本の邦訳書が刊行されています。『関係フレーム理論（RFT）をまなぶ』ニコラス・トールネケ著, 山本淳一監修, 武藤崇, 熊野宏昭監訳, 星和書店, 2013.

[2]　邦訳書『アクセプタンス＆コミットメント・セラピー（ACT）第2版』スティーブン・C・ヘイズほか著, 武藤崇ほか監訳, 星和書店, 2014.

話し手の行動の機能分析

話し手の行動の機能分析として、最初に世に出たのは、スキナーの *Verbal Behavior*（Skinner, 1957）という本です。この本の中では、聞き手という機能の重要性が強調されています。話し手が言語行動を発するには聞き手がいるということが重要で、その聞き手がどのようにフィードバックをするかで、私たちが学習を進めていくことができるかどうかが決まるという考え方です。

話し手と聞き手の相互作用

私たちは日常、話し手と聞き手の両方の役割を相互に担いながら、お互いの言語行動を支えあい、生活をしています。相互に作用しあっているということを考えるときに、次のような例を見てみましょう。

お父さんが子供を連れて、デパートに行きました。子供はおもちゃ売り場の階に行きたがり、その階に着くと、子供は魅力的な大量のおもちゃに囲まれて落ち着きがなくなります。自分のお気に入りのアニメのおもちゃのところで、「これが欲しい、欲しい」と、騒ぎだしました。よく目にする光景です。お父さんは周囲の人の目を気にしつつ、「なんでこんな目に遭うのだろう。ここへ連れてこなければよかった」などと考え、嫌な状況に置かれていると感じます。

子供の騒ぎを収めるためには、2つの方法があります。ひとつは子供を強く叱ることです。もうひとつの方法はおもちゃを買ってあげることです。希望のおもちゃを買ってあげれば、子供は満足して静かになるでしょう。子供の騒ぎの渦中にあるお父さんは、「おもちゃを買う」を選択しました。子供は欲しいおもちゃを手に入れました。おもちゃを手に入れたことで、騒ぐ必要がなくなり静かになります。お父さんは、おもちゃを買った結果、子供が

騒がなくなったので、「恥ずかしいな、嫌だな」と思うような場面を終わらせることができました。そうすると、お父さんと子供のこのような行動が、それぞれ強化されます。子供にとってもお父さんにとっても、それらの行動が強められる結果が生じたということになるのです。

　1週間後あるいは1カ月後に、またお父さんと子供がおもちゃ売り場に行ったら、子供はどのように振る舞うでしょうか？　子供は、おそらくまた、おもちゃを買ってほしいと騒ぐでしょう。お互いがお互いの行動の結果を受けながら、あまり望ましくはない行動の学習を進めていってしまうのです。

　さて、このような事態をあまりよく思わない人物がいます。お母さんです。子供がおもちゃを持ってニコニコ顔でお父さんと一緒に帰ってきて、お母さんに「パパに買ってもらったんだ」と言います。すると、お母さんは何と言うでしょうか？　たいてい「また無駄遣いして！」と怒りだすのではないでしょうか？　こんな時、お母さんは、どちらが悪いのかと考えます。「また騒いだんでしょう！」と子供に怒るか、「なんで買ってやったのよ！」と、お父さんに怒るかの、どちらかが想定されます。

　お母さんはどちらを選択するでしょうか？　まず、お母さんはお父さんが悪いと判断し、お父さんの問題を指摘する可能性が高いでしょう。しつけるべき大人が、しかるべき行動をとらなかったと、お父さんを責め、文句を言うのではないでしょうか。

　では、さらに1週間後、今度は父方のおじいちゃんとおばあちゃん（お母さんからみれば夫の両親）が遊びに来て、子供と散歩に出たついでに、おもちゃ屋に立ち寄ったとしたらどうでしょう？

　案の定、子供は買ってと騒ぎます。おじいちゃんとおばあちゃんはおもちゃを買ってあげます。子供はおもちゃを手に入れ、おじいちゃんとおばあちゃんと一緒にホクホク顔でうちに帰ってきます。

　このときお母さんは、誰にどのように言うでしょうか？

　お母さんは、夫の両親が遠くから来て孫のためにおもちゃを買ってくれたのですから、なかなか悪者にはできません。おそらく、お母さんは子供のほ

うを叱るでしょう。「なんでまた買ってもらったの！ 先週お父さんに買って
もらったばかりでしょう。おじいちゃんおばあちゃんにお金を使わせちゃっ
て！ また騒いだんじゃないの？」と言って今度は子供を責めます。今回は、
子供が悪者になりました。

　話し手と聞き手は相互に作用しあい、お互いにその行動を強めたり弱めた
りするような行動をとりながら、何らかの行動を学び維持していきます。そ
こに、どちらかが悪いという考え方を持ち込むことは、実は難しいことなの
です。相互作用しているので、双方がお互いの行動のきっかけであり、お互
いの行動の結果となっているのです。どちらにも、相手の行動に対する責任
があります。ですから、子供が騒いでおもちゃを買ってもらうということを
改めさせようと思ったら、子供もしつけなければなりませんし、お父さんに
も思慮深い行動を促さなければなりません。例えば、お父さんは、安易に子
供の欲求をかきたてるような場所に踏み込まないように気をつける。そして
もし子供が騒いだとしても動じない。一方で子供には、どう振る舞えばおも
ちゃを手に入れることができるのかという方法を伝え諭す（例えば、1週間
考えても欲しい気持ちが継続した場合に父母に相談するなど）。そして、こ
のような子育ての基本的な方針をもとに、おじいちゃん、おばあちゃんに対
しても、しつけに協力してもらうようお願いをすることが肝要でしょう。こ
のようにコミュニケーションに関する問題に対処する場合には、それぞれに
対するアプローチが必要になります。

　私たちは、一般的な考え方の習慣として、話し手と聞き手が相互作用を起
こしてそのような結果になっているとは考えず、誰かが責任をとるべきだと
考えがちです。そのため、より弱い立場にある人やより言いやすい人に責任
を押しつけてしまうことも少なくありません。企業などの組織であっても同
じです。最終的にトップが責任をとると言いながら、トップの権力があまり
にも大きい場合は、弱いところに詰め腹を切らせるようなことが起こりえま
す。政治の世界でも、政治家は不祥事が起こるたびに、その本質的な原因に
は手を入れず秘書や役人に責任をとらせるというやり方をとりがちになって

しまいます。

　言語行動の基本的な理論に基づけば、コミュニケーションの問題は、Ａさんが悪いのであれば、Ｂさんにも何がしかの責任があり、お互いの問題として考えるというやり方が定石です。話し手と聞き手はお互いに影響を与えあいながら、コミュニケーションを成立させています。善悪の判断は、単にその場の文脈や雰囲気、それぞれの立ち場によって決められているにすぎません。本当の問題解決を目指すのであれば、そのコミュニケーションに関わる全員に、より良いコミュニケーションのための適切なアプローチを行っていくことが必要なのです。

コミュニケーション（言葉のやりとり）

　言葉のやりとりであるコミュニケーションには、どのような機能があるのでしょうか。ある話し手と聞き手を例に見てみましょう。聞き手はおいしそうなリンゴを１個持っているというシチュエーションで、二人が出会った場面を想像してください。

　話し手は「おいしそうなリンゴだね」と語りかけます。二人ともまだリンゴを食べていないので、そのリンゴが蜜いっぱいのおいしいリンゴかどうかはわかりません。声かけをされた聞き手は、自分のリンゴを見て確かにおいしそうだなと考え、「そうだね。きっとおいしいね」と答えます。

　「おいしそうなリンゴだね」というのは誰も食べていないので、本当においしいかどうかは未知のことです。話し手はそのように見えるよということを聞き手に知らせる、情報を提供するといったことをしています。この**相手の知らない情報を伝える、話し手の気持ちや考えを伝えるという言語機能**を「タクト」といいます。

　このような言葉をかけられたときに、聞き手の側がその言葉を受け容れたということを示す「そうだね」のような言葉が返ってくれば、このタクトは相手に通じたのだということで機能したことになります。それで話し手は満

足するわけです。

　こうした一連のコミュニケーションのあと、今度は話し手が「私にリンゴをちょうだい」と言いました。お腹が空いていたのかもしれません。聞き手は寛大な人で「いいよ。はい、どうぞ」と言いながら、リンゴを話し手に渡しました。この**「私にリンゴをちょうだい」**といった言葉を**「マンド」**といいます。英語の Command や Demand の命ずる、要求するといった言葉の共通部分 mand を取り出し、専門用語として作られたものです。これはいわゆる**要求の言葉**で、**特定の結果を自分にもたらしてくださいといったことを伝えるための言語機能**です。

　タクトが新しい情報、相手が知らない情報を伝えるための言語行動だとしたら、マンドは自分の欲求を充足するような言語行動です。

　かくして、「私にリンゴをちょうだい」と言った話し手のマンドは、聞き手がそれを受け容れてリンゴを手渡してくれたことで充足することができました。

　では、私たちは日常の生活の中で、どのようなときにマンドを使い、どのようなときにタクトを使っているのでしょうか？　また、自分の生活を振り返ったときに、マンドをより多く使っているでしょうか、それともタクトをより多く使っているでしょうか？

　そう問われても困ってしまうかもしれません。場面の例を考え、整理してみましょう。

　ハルミさんは、夫と一緒に暮らす兼業主婦です。ハルミさんは会社から家に帰りました。ハルミさんはその日にあった出来事をしゃべる時間もあるのですが、夫に対して何かを求めることが多くなります。「ご飯がもうすぐできるからお皿を出して」「おいしい？」「お皿を洗って」といった言葉かけです。

　この例のように、家の中で親しい人と仲良く時間を過ごしているときには、マンドを中心にした言語行動が多くなりがちです。お子さんのいる家庭では、子供に対するお母さんの言葉はほとんどマンドです。「宿題やった

の？ 早くやりなさい」「お風呂に入りなさい」といった具合です。このように家の中では、マンド中心の言語行動が展開されがちです。

　一方で、会社に行くと、「大事なことはホウ・レン・ソウ（報告・連絡・相談）です」と言われます。会社の同僚や上司が知らない情報をきちんと伝えあって、コミュニケーションをスムーズにし、情報共有に尽力することが推奨されるわけです。職場の中では、タクト、情報伝達が盛んに行われるようになっています。お互いに情報を他者に伝えあいながらコミュニケーションをしていくということが職場の中では必要だからです。

　さて、家の中では（プライベートな場では）マンドが多くなりがちだと先ほど述べましたが、タクトをまったくしないで生活をしていけるでしょうか？

　例えば、ときには親子でケンカをすることもありますし、夫と妻の間でいさかいになることもあるでしょう。そのようなときに、相手のやった悪いことをあげつらって責めあうのも一つのやり方です。こうしてほしいと要求を述べて、マンドをしあう。相手がマンドをしたら、「そんなことを言うけど、私は○○をしているでしょう！ あなたはやっていないじゃないの！」と指摘しながら要求の投げあいをしていくと、人間関係がちょっとギスギスしてきます。そうすると、どちらもお互いの求めに応じず、要求ばかり聞いていられるか！ となってしまいます。

　もう一つ違ったやり方もあります。「今あなたが○○と私に言ったことを、私は△△というふうに感じたわ」と、自分がどのように感じたのか、それによって自分がどのようなことを考えたのかを伝えるやり方です。これは相手が手に入れることのできない情報です。自分の中でしか持っていない情報を相手に伝えているのです。そのうえで「あなたはどう思っているの？」と聞くと、その相手は自分自身の考えや気持ちを教えてくれるかもしれません。これは会社で、スムーズなコミュニケーションをするためにやっているタクトとよく似た構造です。相手の知らない情報を相手に伝えているのです。親密な者同士とはいえ、お互いに絶対に知ることのできない部分があります。

こころの中での出来事です。感情や感覚、自分自身の中で密かに持っている考えや気持ちです。これらをきちんと伝えあうことができると、少し様子が変わってきます。

「宿題をやらなくても、学校へ行かなくても、どんなことがあっても、私はあなたのことを大事に思っているよ」と子供に伝えると、子供はすごく安心します。このように、お父さん、お母さんがどんな気持ちなのかを伝えあうタクト中心のコミュニケーションを家の中で展開すると、別のコミュニケーションが生まれる可能性もあるのです。

では次に、リンゴをもらったあとの会話を見ていきましょう。リンゴをもらった話し手は「ありがとう」と言い、それを聞いて聞き手は、「どういたしまして」と答えました。このように、**決まったある言葉が来ると、必ずある言葉が返ってくるという言語行動**を「イントラバーバル」といいます。

私たちは、イントラバーバルをいろいろな形で身につけて使っています。例えば、「**ににんが**」と言われれば「**4**」と答えますし、「**さざんが**」と言われれば「**9**」と答えます。このように決まりきった言葉のつながりを無数に学習していくわけです。同じように、「ありがとう」と言われたら「どういたしまして」と返すことも学習されてきたのです。

このイントラバーバルについては、のちほどまた詳しく述べていきます。

話し手の言語行動と機能分析

マンドには、先行条件として**確立操作**が必要になります。言葉の前に**何か準備がいる**ということです。リンゴの例で言えば、話し手が朝食をとらずに歩いていたという状況があれば、お腹が空いていますからそのリンゴが食べたいという欲求が高まっているわけです。そんなことがもしあったとすれば、確立操作として機能していたということになります。ある人に、「水をちょうだい」と言わせたければ、確立操作として30分間くらい暑いサウナに入っていてもらうという方法が考えられます。そうすると、サウナから出

たとき体内の水分が失われていますから、「水をちょうだい」と言うにちがいありません。

　タクトは、物や出来事、その特徴などをきっかけにします。そのきっかけを何らかの言葉で表すと、「そうだね」というように言葉が返ってきて、強化されます。

　イントラバーバルは、音声の言語刺激で、「ににんが」と言うとそれとは対応のない「4」という言葉で返ってきます。先行条件と行動の間には1対1の対応関係はありません。

　言葉のやりとりには、こうしたタクトやマンドのほかにもいろいろな機能があります。

　「エコーイック」は、**音声の言語刺激に対して1対1の対応関係のある音声の言語行動です。「リンゴと言ってみて」と言うと「リンゴ」と答える。自分が言った言葉と同じ言葉が相手から返ってくる**というのがエコーイックです。

　エコーイックという機能は、乳幼児の言葉の発達にとても重要です。私たちは赤ちゃんに「ネコ」を表す言葉を教えるときに、最初は「ネコ」とは教えず、「ニャンニャン」と教えるでしょう。それは、ネコがニャンと鳴き、喃語を話す赤ちゃんが発音しやすい音なので、「ニャンニャン」と教えるのです。でも、少し大きくなってからも「ニャンニャン」と呼んでいると、お母さんは、「これはね、ネコというのよ。ネ・コ。言ってごらん」と言って、エコーイックを促します。ネコと上手に言えず「ニェコ」と言う子供がいたら、お母さんは「ネコと言わずニェコと言ったわよ」と逆模倣、逆エコーイックをし「ネ・コ。もう一回ゆっくり言ってごらん」と促すかもしれません。発音がどう聞こえたかをエコーイックで子供にフィードバックし、正しい発音を促すことは、言葉の教育ではとても重要です。

　また、大人であれば、英語や中国語など第二言語を身につけようとしたときに、ネイティブな人たちから発音についてのフィードバックを得られるととても学習が進みます。

話し手の言語行動の機能分析

分類	先行条件 A	行動 B	結果 C
マンド (mand)	確立操作	結果を特定する 言語行動（文字・音声）	特定の確立操作に 対応した強化
タクト (tact)	物、出来事、 その特徴など	Aと1対1対応のない 言語行動（文字・音声）	般性強化
イントラバーバル (intraverbal)	音声の 言語刺激	Aと1対1対応のない 言語行動（文字・音声）	般性強化
エコーイック (echoic)	音声の 言語刺激	Aと1対1対応のある 音声の言語行動	般性強化
書き取り (dictation taking)	音声の 言語刺激	Aと1対1対応のある 文字の言語行動	般性強化
テクスチャル (textual)	文字の 言語刺激	Aと1対1対応のある 音声の言語行動	般性強化
書き写し (transcription)	文字の 言語刺激	Aと1対1対応のある 文字の言語行動	般性強化
オートクリティック (autoclitic)	言語刺激・ 制御変数	修飾的、付加的 言語行動（文字・音声）	般性強化 聞き手へのより 有効な効果

　エコーイックは、大人でも子供でも、言葉の獲得期に非常によく用いられる重要な言語機能なのです。

　音声あるいは文字をそのまま書き取ったり、音声にしたりする言語機能として、「**書き取り**」「**テクスチャル**」「**書き写し**」という機能があります。これらは、エコーイックの次の段階の言語獲得の機能として、学校の勉強の中で非常によく用いられます。

　「**オートクリティック**」という機能もあります。わかりにくい機能ですが、**ある言語刺激や制御変数をきっかけとして、修飾的、付加的言語行動を文字や音声で発すると、「そうだね」という言葉が得られたり、聞き手に特殊な**

効果をもたらしたりするものです。

　例えば、妻がある日、夫に「2月に実家に帰るわ」と言ったとします。夫は何と言うでしょうか？

　夫が「どうして？」と聞く。妻は「実家のお父さんの体調が悪いみたいだから」と答える。そうすると、夫は「そう、じゃあ、行っておいで」といったことを言うでしょう。

　それでは、今度は、妻が夫に、「2月で実家に帰るわ」と言ったらどうでしょう？　夫は何と言うでしょうか？

　「2月に実家に帰るわ」と「2月で実家に帰るわ」では受ける印象が変わり、何か別のものがわき上がってきませんか？　夫はドキッとするかもしれません。ずっと実家に帰ったまま戻ってこないのではないかというニュアンスが、「で」にあるからです。「に」の場合は、一時的なものですぐ戻ってくるだろうと思い、何があったのか聞くだけですが、「で」になると、「俺、何かしたかな？」と心当たりを探すわけです。ほんの一字を替えるだけで聞き手に与える印象が変わり、聞き手はまったく別のニュアンスを受けとめてしまいます。「に」や「で」そのものには、特別な意味あいがあるわけではありません。「2月」「実家に帰るわ」に1つの助詞をつけるだけで、まったく意味あいが変わってきます。

　「健康面も注意してくださいね」と言われたらどう思いますか？

　何か他に大事にしないといけないことがあるのではないのかと、責められているような気になります。聞き手側の感覚としては「健康面に注意してくださいね」だったら受け容れやすいでしょう。このように、**聞き手に何らかのニュアンスを感じさせるような言葉の表現を、オートクリティック**といいます。

　私たちは、通常「に」や「で」といった助詞を意識的に使い分けているわけではありません。報告書の文章を書くといった場合は、この表現が相手にどう伝わるのかということに注意を払うかもしれませんが、日常言語の中では厳密には考えないでしょう。自分の今の状況で判断して、こんな言葉で表

現しておこうといったように適当に使い分けています。まさに、オートクリティックは適当に使い分けられるように学習されています。そのため、通常、油断してしゃべっているときには、人は助詞の中に本心を隠していることがよくあります。そのような言葉の端々に注意を向けて聞いていると、その人が本当は何を考えているのか、どういうことを伝えたいのかを聞き取れることがあります。

ルール支配行動

　言語行動の中でも、聞き手の行動の機能分析については、ヘイズが *Rule-Governed Behavior*（ルール支配行動）という本を 1989 年に書いています（Hayes, 1989）。

　聞き手が、話し手などから提示されたルールに沿った行動をとるというのが**ルール支配行動**です。

　ルール支配行動は 3 つに分類されます。まず、1 つ目の「プライアンス」と 2 つ目の「トラッキング」について見ていきます。

　次の図を見ると、プライアンスとトラッキングは同じように見えますが、少し違いがあります。

　プライアンスのきっかけは、話し手がルールを提示することです。プライアンスでは、ルールの提示をする**話し手が存在する**というのが特徴です。プライアンスの場合は、話し手がルールの提示をしているので、結果として**話し手からのフィードバックがある**ということが重要になります。

　一方、**トラッキングのきっかけは、話し手による提示だけでなく、文や音声でルールが提示される**場合もあります。トラッキングでは、話し手は必須ではないので、その**ルール通りの結果になったかどうかがルール支配行動を維持する決め手**になります。

　プライアンスとトラッキングでは、まずこのような違いがあるということを理解してください。これらがどのような行動で、どのような問題があるの

ルール支配行動

プライアンス（pliance）

話し手
ルールの提示
→
聞き手
ルールに沿った
行動
→
結果
話し手からの
フィードバック

トラッキング（tracking）

文・音声
ルールの提示
→
聞き手
ルールに沿った
行動
→
結果
ルール通りの
結果

かといったことについては、のちほど詳しくお伝えします。

「決められた行動」と「柔軟な行動」

　ルール支配行動を理解するために、ルール支配行動と対になる行動である随伴性形成行動と対比しながら説明します。

❀ ルール支配行動

　ルール支配行動（Rule-Governed Behavior：RGB）は、**厳密なルールに沿った行動**です。工場や事務の仕事、あるいは計算の方法などでは、ある程度順序が決まっていて、その工程通りに進めていくことが求められます。正誤の判断をし、その判断に基づいて報告するようにと言われたら、正誤の判断基準となるルールが厳密に示されていて、そのルールに沿って判断しなければなりません。誰に報告するのかが決められていたら、その人に報告しな

ければなりません。結果の精度が求められ、ミスなく作業をするよう言われたら、定められた工程にプラスして確認のルールなども守らなければなりません。こうしたことが厳密に決まっている会社では、基準となるマニュアルで定められたとおりにやらないと、たとえうまくできていたとしても良しとはされません。

　例えば、ファミリーレストランでは、調理場をきれいに清潔に保つことが重要な仕事になります。料理を作ってお客様に出す以前に、食中毒を起こさないよう、いつもクリーンな環境を保つことがより重要だからです。清掃に使う洗剤は何倍に希釈するのか、どのまな板をどの布で拭くのか、包丁を使ったあとどう処理をしてどこにしまうのか、そういったことがすべて決められ、基準通りに行うことが求められます。

　これらはすべてルール支配行動です。ルール支配行動は、職場の中ではとても重要な行動です。上司の指示通りに行動し、相応の結果を出すというのが、一般的な企業の行動基準です。

　行動分析的に言うと、これらのルールはタクトという言語機能になります。行動の仕方や結果がすべてルールとして提示されているので、そのとおりのことをすればよいのです。**特定のルールを示すタクトをきっかけとして行われ、維持されている行動、これがルール支配行動**です。

　ルール通りに行動して、ルール通りの結果を出した場合でも、それだけでそのルール支配行動が維持されるかというと、上司から「今日もありがとう、お疲れさま」という一言があるかないかで、そのルール支配行動の維持の仕方は変わります。他者からの直接的なフィードバックが後押しとなり、ルール支配行動はより強められ維持しやすくなります。

　ルール支配行動は、言語行動をきっかけとして生じる行動なので、人間だけにみられる行動様式です。ほかの動物は言語を持たないので、ルール支配行動をすることはありません。人間だけがルール支配行動という行動を通して、新たな行動を学習することができるのです。

　ルール支配行動は、文字、文章、あるいは音声などの言語行動を通して学

びます。知識は言葉の**情報**としてもたらされます。ルールに従って行動すれ
ばよいので行動の獲得は速く、マニュアルが頭の中に入ってしまえば効率化
はどんどん進みます。

　ところが、職場でもそうですが、作業の条件というのはよく変わります。
例えば、企業が売っている商品の単価は、取引先の都合や契約など、ちょっ
としたことで変わります。環境が変化したことで、作業工程の一部が変わる
こともあります。そのとき、マニュアルをいちいち書き変えたり書き直した
りすることは、あまりありません。「ここの会社はこういう割引率になった
からね」といった言葉だけで示されることが多いでしょう。それが現場で周
知徹底されるかどうかは微妙です。そうすると、ルール支配行動の欠点とし
て、環境や条件が変わったときに、ルールによって培われた頑固で型通りの
行動ではうまく対応できず、脆弱なものになってしまう可能性が考えられま
す。

　また、その場の判断が求められる場面では、ルール通りに振る舞っていて
も、あまり良いことはありません。マニュアル通りにしゃべっている人と会
話をしていて、苦痛を感じたことはありませんか?

　例えば、チケットの予約や機械トラブルの相談などで、お客様窓口に電話
をして、電話の向こうの担当者に何かお願いしなくてはならない場面を考え
てみましょう。そのとき、必ず決まり文句を伝えられ、決まりきった対応を
されることがあります。「特殊なことかもしれないのですが」と言っても
「いたしかねます。そのようなことはこちらのサービスに入っておりません」
とマニュアル通りに言われ、柔軟に対応してくれないこともしばしばです。
そうなると、ルール通りに行動する人に、何か他の方法をお願いするのは難
しいということになります。マニュアルが整備されている業務であればある
ほど、客の立場からすると不都合を感じ、無駄な時間を過ごさせられている
と感じることも多いのではないでしょうか。

　しかし、さまざまなお客がいていろいろな要望があるわけですから、マニ
ュアル以外のことを求められることも当然ありうるのです。そのようなとき

に、柔軟に状況に応じた行動をとれるかどうかは大切なポイントです。ルール支配行動だけではそのような柔軟さは発揮しにくく、場面に応じたコミュニケーションが必要だということになります。

　また、ルール支配行動では、不測の事態に対応することが難しくなります。

❀ 随伴性形成行動

　このルール支配行動と対をなすのが、随伴性形成行動（Contingency-Shaped Behavior：CSB）です。これは、**状況に応じて結果を予測して行動するという行動様式**です。今ここで、この瞬間に、どんなことが起こっているのかを見定めながら、どう行動すればどんな結果になるかを、ある程度予測しながら行動するというものです。

　随伴性形成行動では、予測しなかった事態にも対応できる可能性があります。3・11の東日本大震災の後、福島の原子力発電所が止まりましたが、電源喪失時の行動の仕方はすべてマニュアルで決められていました。しかし、マニュアル通りに行動しようとしても、それができないほどの不測の事態に見舞われていた現場では、とにかく冷却しないと危険度が高まるので、随伴性形成行動として海水を入れる方法が提案されたそうです。その時、「マニュアルに書かれていない」といってルール通りの対処を求める人と、その環境の中で状況に応じて行動しようとする人との間で軋轢が生じたと報道されていました。

　この例のように、その場で不測の事態に対応していこうとする随伴性形成行動は、既存のマニュアルとバッティングすることもありますが、最終的にはその場の判断が正しかったということも、よくあることなのです。

　マニュアルや基準のとおりに行動することはとても重要ですが、一方で、個々に与えられた状況に応じて判断し、結果を予測して行動を変えていくことも、大切なことなのです。

随伴性形成行動は、自分たちが置かれている環境の中で直接的な経験によって獲得し、**維持されます**。情報を通して学ぶのではなく、**体験を通して学ぶのです**。随伴性形成行動は、環境の変化に対して柔軟かつ頑健です。どんな環境の変化があっても、こういう方法もあるのではないかというように柔軟に行動できますし、試行錯誤的に答えを見つけるまで行動するので、高い適応力を発揮することにつながります。

　さて、あなたは、ルール支配行動と随伴性形成行動のどちらを好んでいるでしょうか？

　どちらの行動様式にも、長所・短所があります。

　この２つの行動様式の違いは、確実に良いものを手に入れることが優先される（ルール支配行動）のか、冒険心や好奇心が優先される（随伴性形成行動）のかという違いかもしれません。ルール支配行動では、ルールに示されていないことを体験し、そこから新たな気づきや学びを得ることは難しいかもしれません。随伴性形成行動では、失敗し、楽しめないこともありますし、ときには道に迷い、帰りつけないこともあります。２つの行動様式の長所・短所をよく理解し、行動の仕方を工夫することで充実した時間を過ごせるようになるでしょう。

ルール支配行動の分類

　ルール支配行動は３つに分けることができます。１つ目のプライアンスと、２つ目のトラッキングについては先に述べました。プライアンスの中で示されるルールのことを「**プライ**」といい、トラッキングの中で示されるルールのことを「**トラック**」といいます。プライアンスのほうは強化する他者、話し手が必要ですが、トラッキングのほうは話し手は必要ありません。

　ルール支配行動の３つ目は、「**オーグメンティング**」です。**何かを欲しいと思うようなルールを間接的に提供する。そのことでそのルールに従う可能性を高める**。ルールに従えというわけではなく、注意を促し、そのルールに

ルール支配行動の分類

ルール支配行動	ルール	ルールの機能	強化する他者	ダークサイドの顕在化	例
プライアンス (pliance)	プライ	弁別刺激	必要あり	他者への依存	支援者への依存 パートナーへの依存
トラッキング (tracking)	トラック	弁別刺激	必要なし	環境への敏感さの欠如、同じミスの繰り返し	自己ルールへの過剰な囚われ
オーグメンティング (augmenting)	形成オーグメンタル	確立操作 (新しい機能の確立)	必要なし	新たな問題行動の発生	あいつに触るとばい菌が移る あの神社の神様は恋愛に効く
	動機づけオーグメンタル	確立操作 (すでに確立された機能を一時的に変化させる)	必要なし	既存の問題行動の強化	他の人もやっているから 口コミ情報

- 意図的に私的出来事をコントロールしようとするとき、ダークサイド面が顕在化する。
- ルール支配行動は、その目的が達成されない状況でも、行動のコントロールを継続する傾向がある。

従ってみようかなと思う方向性を高めていく。そのようなものがオーグメンティングです。

　オーグメンティングの中で示されるルールには、形成オーグメンタルと動機づけオーグメンタルがあります。**形成オーグメンタルは新しい機能を確立するような、動機づけオーグメンタルはすでに確立された機能を一時的に変化させるような確立操作**のことをいいます。

　まず、**形成オーグメンタル**の例を示します。

ダイレクトメールの最後に書いてあるナンバーを買い物するときに入力すると、ガソリンが3%引きになるというものがあるとしましょう。このサービスがあるために、まだガソリンが半分残っているのに入れに行きたくなります。これは形成オーグメンタルの機能です。

　次に、**動機づけオーグメンタル**の例を示します。

　新しくできたスーパーでの試食を思い浮かべてください。試食コーナーによって、今日はこの商品が特売であるという情報を与えています。これは動機づけオーグメンタルです。そして、店員は「ちょっとお口にしてみてください」と言って客に試食してもらいます。客は食べてみるとけっこうおいしくてついそれを買ってしまいます。この試食をしてもらうというのも動機づけオーグメンタルで、確立操作になります。

ルール支配行動の長所・短所

　ルール支配行動には、良いところと悪いところがあります。

　私は個人的には随伴性形成行動が好きですし、ACTも随伴性形成行動を意識していくことをめざしています。しかし、ルールに従うことの便利さに慣れた私たちは、ルールに沿った行動をとりたくなることもよくあります。ルールに従うことでいろいろなメリットを得ることができるからです。

　例えば、「そのストーブには火がついているからね。ストーブに触ったらやけどをするよ」と言われると、ストーブに触らないように注意することができます。実際にストーブに触ったことがなくても、火のついているストーブに近づかない、触らないという行動がとれるようになります。これはルール支配行動のプラスの面です。

　私は子供の頃にストーブに直接手を置いてやけどをしました。随伴性形成行動としてストーブに触ったらやけどをするのだということを体験的に知ったタイプだったわけです。

　私には娘がいますが、娘の場合はさすがに熱い思いをさせるのはかわいそ

うだと思い、先にルールを提示しておきました。すると、彼女は賢明なことに決してストーブには近づかず、やけどをせずに済んでいます。このように、ルール支配行動を使うことで、安全に生活するということを痛い思いをせずに学習できるのです。

　時間がかかる難しい課題を簡単にできるという長所もあります。旅行へ行くときに『るるぶ』（旅行ガイド誌）は便利です。おいしいレストランがあるのだけれど、路地裏の奥の方でわかりにくいという情報を得たときにも『るるぶ』があれば非常に細かな地図が手に入ります。地図のとおりに歩いていけば、わかりにくい場所でも、知らない道路でも迷わずに行き着くことができます。

　一方で、ルール支配行動には短所もあります。権威ある人の言語行動に過度に影響されるということです。この場合、命を落とす危険すらあります。原発に関して言えば、権威ある人から安全だ、安全だと言われ、安全神話がありました。また、東日本大震災の津波では、防潮堤があるから大丈夫だと言われてきた住民の中には避難せずに亡くなった方もいました。

　2014年に韓国で起きたセウォル号事件では、旅客船が沈み、高校生を含む多数の乗客が亡くなりました。そのとき、何が起こったのでしょうか。

　船長さんが、「大丈夫です。部屋から出ないでください。部屋に留まってください」といった放送を何度も流したのです。権威ある人に従うという行動を学んできた優秀で真面目な生徒たちは、それを信じて動かず、そのまま船とともに沈んでいきました。一方、助かった生徒たちは「この傾き方は危ないんじゃないか、こんなところにいたら死んでしまう」と早く逃げ出し、そのおかげで助かったそうです。

　私たちは他者の言語行動によって行動を支配されることがよくあります。特にそれが権威ある人の場合には、その言語行動に従いがちですが、それがいつも正しい、いつも良い結果をもたらすとは限りません。自分たちの置かれている環境に目を向けて判断していかないと、取り返しのつかないことにもなりかねません。

ルール支配行動は、現実の随伴性に注意を向けずに行動してしまうといった短所もあります。結果に対する感受性が落ちていくのです。ガイドブックで名店とかおいしいとか書いてあるレストランであれば、おいしいと思ってしまうかもしれません。グルメサイトの5段階評価で4とか5とか書かれていると、おいしかろうがおいしくなかろうが、おいしいと言わないといけないような気がしてしまうわけです。

　仕事を振り返って考えると、マニュアル通りにやればできると思ったら、そのマニュアルが3年前に作成されたもので現状に合わなかった、といったことがあるかもしれません。不適切で不十分なものであっても、マニュアルが示されるとそのままそのルールに従ってしまいます。そうすると、良い結果が出ません。しかし、自分としてはマニュアル通りに行動したので、結果が出ないことに対して責任を持ちたくないという気持ちにもなるわけです。自分の問題なのか、マニュアルを示した人が悪いのか。そういった問題が生じがちなところもルール支配行動の短所です。ルールが不十分なままで不適切な行動をとり続けてしまうような状況になることもあるのです。

自己ルール支配行動とは？

　自己ルール支配行動は、ルール支配行動のルールの部分を**自己ルール**として形成し、それに沿った行動をとる場合を示しています。

　私たちは「～しなければならない」「～すべきだ」「決して～できない」「～してはいけない」といった言葉にみられるような自己ルールを自分の中で作ってしまうことがよくあります。

　私たちはこのような自己ルールを**自己概念**から抽出してきます。

　自分自身がこんな人間だということが、自己概念として辞書にまとめられているとしましょう。その辞書にまとめられている自己概念は、本当に自分が一人で書き綴ったものなのでしょうか。自分の特徴を自分で大事なことだからと書き留めたのでしょうか、それとも誰かに言われたことを確かにそう

かもしれないと思い込んで書いてしまっているのでしょうか。多くの場合は、他者との関係性の中で自分について言われたことを書いているのではないでしょうか。

　本当は活発な自分でいたいのに、「あなたはいつもおとなしいわね。勉強もよくできて」と言われると、いつもおとなしく振る舞わなくてはいけない気分になったり、成績を落とさないようにたくさん勉強をしなくてはいけない気分になったりし、それに沿った自己概念を自動的に記述していきます。いろいろな人から自分自身についてのマンドやタクト、イントラバーバルを与えられて、その中から自分に当てはまることを選択的に自己概念として記述していくのです。

　例えば、血液型占いが大好きな人から「さすがA型は几帳面だね」と言われると、「僕はA型だから、いつも身の回りはきちんと片づけておかなくては」となりますし、「B型だから大雑把でも仕方ないね」と言われると、「B型は自由奔放だから、片づけなんかしなくていい」ということなるわけです。

　一定の自己概念から自己ルールを形成し、その自己ルールに沿った行動をとるようにすれば、周りのことを気にすることなく振る舞えて、便利です。また、実験的にも、他の人から示されたルールよりも自己ルールとして決めたものが、より強く私たちの行動を制御するということもわかっています（Catania et al., 1989）。しかも、自己ルール支配行動では、機能していない、結果が伴っていない行動でも継続してしまう傾向があります。

✿ 体験の回避

　いろいろな人と友達になりたいと思っていても、自分から話しかけようとすると不安や恐怖を感じてしまう人の中には、それらを避けるために「自分から話をしない」という自己ルールを決める人もいます。「人前に出たら目を合わせてはいけない、積極的に話しかけてはいけない」という自己ルール

があると、ずっとうつむき加減でじっとしていることになります。このような行動傾向を、**体験の回避**といいます（Hayes et al., 1996）。体験の回避では、**自分のこころの中のつらい私的出来事を避けるために、それを感じないで済むような行動を選択してしまう**のです。そうすると、自己ルール支配行動をとり続けることになり、新しい友達がなかなかできず、望ましい結果は得られないということになります。

　その自己ルールは間違っているので、自己ルールを変えてくださいと言われたらどうでしょうか。「あなたは社交的な人です。いつも笑顔でいてください。積極的に自分から話しかけることにしましょう。『私はいつも自分から話しかける』と言ってみてください」と言われたとします。これでいつも自分から積極的に話しかけられる自分になれるでしょうか？

　自己概念から派生した自己ルールを、周囲からの助言だけで変えていくことは簡単なことではありません。また、自分自身で課した自己ルールを、言葉だけ入れ替えても、実際の行動まで変わっていくとは限らないのです。

　自己ルールを変えるやり方とは別の方法もあります。自己ルールを変えるのではなく、本当になりたい自分に向けてどうしたいのかを決め、少しずつ行動に移していくやり方です。このやり方を選択するためには、自己ルールに従って取っている行動が「体験の回避」であり、本当になりたい自分からはむしろ遠ざかるような行動となっていることを理解する必要があります。そのうえで、自分が本当に大切にしたい人やなりたい自分を明確にしていきます。それを明確にすることを、ルール支配行動の中では**オーグメンティング**といいます。オーグメンティングは、モチベーションを変え、方向性を調整するものです。ACT では、このオーグメンティングを**価値**という言葉で表します。例えば、あなたが「新しい友達を作る」ということを価値、つまり自分の人生の方向性と考えたとしましょう。この方向に向かうために、具体的な行動としてどんなことができるでしょうか？

　「自分から積極的に声をかける」という自己ルールと、「いつも顔を上げて笑顔でいる」という自己ルールが挙げられるかもしれません。声をかけるよ

りは、顔を上げて笑顔でいるほうが実行しやすいでしょう。自分が取り組み
やすい行動を最初の一歩として設定し、どのような結果が返ってくるかを試
してみます。笑顔でいると、「話しやすそうだな」と感じて気軽に声をかけ
てくれる人が現れるといったことは十分ありえます。そうすると、そこで会
話が弾み、友達を増やしたいという本当の望みどおりの結果に至るかもしれ
ません。無理に大きなルール変更をするのではなく、簡単に取り組めそうな
行動目標を作って、その行動目標に沿ってできるところから行動し、結果が
どう変わるかを確かめていきます。笑顔が有効だったのであれば、その笑顔
を絶やさないようにしながら、自分から一歩近づいて「おはようございま
す」と言ってみるといった、次の具体的な行動を決めて、ステップを上がっ
ていけばよいのです。

　新しい環境の中で望ましい結果を得たいのであれば、自己ルールは一旦置
いておき、自分が本当に望んでいる方向性である価値を定め、価値とリンク
したより取り組みやすい行動目標を作っていきます。ACT では、このよう
な考え方に基づき、価値と価値に向かう行動の**スモールステップ**を積み重ね
ていくことが大切だと考えられています。

　私たちは、自分の中で勝手に自己ルールを定め、自己ルール支配行動には
まり込んでしまいがちです。この時、自分がこころの中で感じるつらい体験
を避けるような（体験の回避を促すような）自己ルールを定め、それに沿っ
た行動をとるのです。自己ルールに従うと、つらいこころの体験を避けるこ
とができるので、その行動は安全なやり方として機能します。その行動が、
本当の望みの実現につながっていなくても、その時はあまり頓着しないかも
しれません。

　そんな時、価値や**価値に向かう行動を計画**し、**自己ルールからの脱却を図**
っていくという方法があるということを思い出してみてください。

第**3**章 思考、考えることとは？
──自分との対話──

思考のきっかけ

　私たちは話し手として、マンドやタクト、イントラバーバルという言語機能を使っています。また、聞き手として、プライアンスやトラッキング、オーグメンティングという言語機能を使っています。

　こころの中でもそのような機能をうまく使いこなせればいいのですが、なかなかうまくできません。そこで、まず**考える**とはどういう行動なのか、その特徴を整理してみましょう。

　考えること（思考）は、いろいろなきっかけで始まります。

　晴れた空を見上げたり、大きな雲が近づいてくるのを見たりすると、天気のことを考え始めるでしょう。電話が鳴ったり、スケジュール帳を見たりすると仕事のことを考えてしまうかもしれません。可愛い赤ちゃんやネコが出てくる CM を見て、自分の大切な人や家族、ペットのことを思い浮かべることもあるでしょう。何かきっかけがあると、途端に思考が始まるのです。

　好きな音楽が聞こえてきたり、ゲームの広告や見知らぬ人の表情を見たり、まったく知らない道を歩いていたりするだけでも、何か思考が始まることを誰もが体験していることでしょう。

　考えることは言葉を使って行いますから、やはり聞き手と話し手が必要です。私たちは、自分自身の中で聞き手の役割と話し手の役割の両方を果たしながら、**自己内対話**を行っています。通常、この自己内対話のことを**思考**と

呼んでいます。

　自己内対話は、外側からのきっかけだけで始まるわけではありません。感情や感覚、記憶、思考、イメージといった**私的出来事**（自分の内部、つまり自分の皮膚の内側の出来事）をきっかけに始まることもあります。私的出来事がきっかけの場合には、周りからは一切何を考えているのかはわかりませんが、外側の刺激がきっかけになるときには、ある程度共有は可能です。例えば、野球場に野球のゲームを見に行ったとき、4番打者がホームランを打つと、それを見た人たちは、「この試合は勝ったぞ」と考えていることでしょう。しかし、そのときに、ふっと不安を感じ「家の鍵を掛け忘れたかもしれない」と心配している人がいたとしたら、おそらく誰もそれには気づかないでしょう。私的出来事をきっかけに始まった思考は、他の誰にも気づかれることなく、自分の中だけで進んでいきます。

考えることは特別な行動？

　思考はからだの外側や内側（自分の皮膚の外側や内側）の刺激をきっかけに始まります。特に内側の刺激で始まったときには、誰も何を考えているのかわからないので、自分自身の秘密の事柄になります。「考える（思考）」という自己内対話の現象は、**考えている本人のみが見ている現象**です。ですから、どんなことを考えていてもよいのです。職場でありとあらゆる不適切なことを考えていても、自己内対話であるかぎり秘密は守られます。何を考えていても自由で、誰にも文句を言われることはありません。こうしたことから、私たちは思考を特別な行動だと考えるようになりがちです。

　一方、**思考は単なる言語行動の一部でしかありません。**

　皆さんは思考するとき、何語で考えていますか？

　一般には日本語で考えます。私たちは第一言語として日本語を学び、書いたり読んだりするのも日本語で、日本語の使用に慣れていて、日本語を使うのがとても得意です。コミュニケーションをとるときも、日本ではほぼ日本

語しか使いません。コミュニケーションで使う言葉を思考の中でも使えば、翻訳することなく、考えたことをそのまま口にできます。ですから、私たちはほとんどの場合、日本語で考えています。

それでは、アメリカに住んでいる日本人はどうなのでしょうか？ 5年くらいアメリカ暮らしをしていて、コミュニケーションは英語でしているという人は、何語で考えているのでしょうか？

アメリカのシアトルにいる私の友人はアメリカに渡って十数年になります。私がシアトルに行ったとき、かねがね疑問だった海外に暮らす日本人は何語で考えるのかということを聞いてみました。彼は、シアトルの生活では日本人とほぼ会うことはなく、コミュニケーションは英語、仕事も英語ということで、「考えるときの言語も今は英語だね」と話していました。私と話しているときは、私という聞き手が日本人なので日本語で考えているそうです。彼は、周囲の人とコミュニケーションしやすいように、相手が使う言語に合わせて思考すると言っていました。バイリンガルになると、外部の聞き手に合わせて思考する言語を変えるということができるようです。

このように、私たちが使っている思考は、やはり他者とのコミュニケーションのツールとしての言語行動の一部でしかないのです。

ところで、皆さんもご存じのように、言語行動が全部正しいということはありません。私たちは、人とコミュニケーションをするときに絶対嘘はつかないと言えるでしょうか？

一般的に、ほとんどの人が嘘をつきます。嘘がつけるようになるというのは、私たちの言語行動の重要な能力で、本当のことを言わないということが身についてこその言語行動と言っても過言ではありません。

私たちは、言語行動をいいかげんなものだと互いに了解し、相手は嘘をつくかもしれないと思いながらコミュニケーションをとっています。

私たちは自分自身に対しても嘘をつくことができます。しかし、聞き手が自分自身である場合、嘘をついている自分のことを自分自身で知っているので嘘はあまり機能しません。それでも嘘をつきつづけると、外の人に対して

も自分自身に対しても、だんだん本当かもしれないと考えるようになります。「そんな失敗は絶対やっていない。私はミスをすることなどない」と言いつづければ、自分の中では失敗したことも少しずつ楽になるかもしれません。それは自己暗示のようなものかもしれません。

　思考は私的出来事の一部です。私的出来事というのは、感情や感覚、記憶といった自分の中だけに存在している**自分自身だけしか認識することのできないもの**です。私たちが思考を特別な行動だと感じるのは、それが私的出来事であり、自分にしか見られないからです。**自分だけが知ることのできる自分だけの体験**だからこそ、私たちは思考を重要視し、思考に自分を委ねてしまいたいと感じることがあるのです。ですから、自己ルールを決めたときには、自己ルール支配行動をとりがちな、それに支配されやすい自分自身が出てくることになるのです。

私は理解者か？　指導者か？

　思考をめぐらせているとき、私たちは聞き手であり話し手です。

　聞き手である私自身は最高の理解者だと言えるでしょうか？　あるいは話し手である私自身は良い指導者だと言えるでしょうか？　それとも最悪な指導者でしょうか？

　聞き手が私自身であるときは、**聞き手はすべてを知っていて、共にすべてを体験している人と会話をしている**ことになります。自分の秘密、私的出来事を全部知っている相手と会話をしているので、思考の中では自分が自分に対して下す判断は、「**すべて正しい、間違うはずがない**」と捉えてしまいがちです。

　話し手である私が私に命令し、ダメ出しをし、攻撃をしてきても、自分自身のことを全部知っている人がそのように言うのなら、それは正しいことだと思ってしまいます。「お前はバカだ」「お前は愚かだ」「お前は醜い」と言われたら、全部そうだと思ってしまうのです。

そんな自分に「もうお前なんかダメだよ。何をやったってリカバリーできないんだから、あきらめろ！」と言われたら、立ち直れますか？

　自分が自分に間違ったことは言わないだろうと思っているので、落ち込んでしまうことでしょう。しかし、思考は単なる言語行動の一部なので、実は正しいかどうかはわかりません。他の人の視点を入れてみると、まったく違った答えが出てくることもあるでしょう。しかし、自分が自分の中で会話をしているかぎり、別の視点から見た良い結果を予測することはできなくなっているかもしれないのです。

　それでは、聞き手としての私は最高の理解者でしょうか？

　それも違います。私は話し手である私に何か言われたときには、あまり良い反応、素直な反応をしません。なぜなら、話し手が**ダメ出しをし、命令し、バカにする**からです。そうすると、聞き手は逆のことをやり始めます。**言い訳をし、反発し、抵抗する**のです。あまりにも攻撃が激しくなってくると、**降伏し、無反応**になります。あるいは、自分に対してあまりにもひどいことを言われると、**怒りやあきらめ、焦り**といった反応をする場合もあります。

　皆さんが頭の中で会話をしているとき、バカにしたり、ダメ出しをしたり、命令したりすること以外の言葉かけを、自分に対してする人はどのくらいいるでしょうか？

　あまりいないかもしれません。聞き手である私が、「大丈夫だよ、最高だったね」と自分を誉めたり、認めたりすることはめったになく、どちらかというと、怒りやあきらめ、焦りといった感情を伴った反発や言い訳をしがちになるでしょう。なぜそうなってしまうのでしょうか？

　私たちがそのようなことを考えはじめるのは、窮地に追いやられたときというよりも、むしろ退屈なときが多いからです。夜寝る前や、お風呂に入っているとき、つまらないテレビを消した直後などに考えはじめます。

　私たちは退屈なとき、確実に振り向いて返事をしてほしいと思うでしょう。例えば、小学校のときに、興味を惹きたい女の子に「バーカ！」と言っ

て意地悪する男の子がいませんでしたか？　そういう話し方をする男の子は、言葉自体はネガティブなものであっても、基本的には自分のほうに気持ちを向けてほしいと思っています。相手に対して、意地悪な言い方をしたり、相手をバカにしたり、理不尽な命令をしたりすると、必ず反応してくれます。

　私たちは退屈になってくると、そんな幼い行動習慣に基づいて、必ず自分が反応するであろう言葉かけとして、自分を攻撃したりバカにしたりする表現を使いはじめてしまうわけです。そうすると、聞き手である私は、「何を言っているんだ。そんなことはない。私だって頑張っているんだから」と言いたくなります。しかし、その指摘が真実であったりすると、あきらめや不安、恐怖や焦りという気持ちに囚われることになってしまうのです。

　ネガティブなやりとりしか習慣にない私たちは、言い訳や反発、抵抗とともに、命令されたことやダメ出しされたことで、不快な感情を感じます。そうすると、その話を思い出したり、その話と関連している何かを考えるたびに、同じような不快な感情を感じるようになってしまいます。このような状態を**刺激機能の変換**といいます。

　怒りっぽい人は、何か自分の琴線に触れる話題になった瞬間に、怒りが沸点に達してしまいます。ほんの一言でひどく感情的になり、相手に危害を加えてしまうという事件もよくあります。それは、一つの言葉に強い感情をもたらす条件づけがなされていたのかもしれません。そのこと自体は過去のどこかでの出来事だったかもしれませんが、その人のこころの中では日常的に存在しており、そのような行動パターンへとつながってしまっているのです。

ネガティブな思考

　ネガティブな思考は、私的出来事（自分の皮膚の内側の出来事）がきっかけになる場合もありますが、外側の出来事（自分の皮膚の外側の出来事）がきっかけになる場合もあります。

例えば、テストが明日に迫ってくると、私たちは自分自身が聞き手と話し手に分かれて、「明日のテスト大丈夫かな」と心配しはじめます。「ダメに決まってるよ、バカ。いつも失敗してるだろ！」と誹謗中傷の言葉を言ってきます。そうすると、「そうだね。次もダメだよね」と、あきらめの感情が出てきます。そこに「メソメソしても無駄だ。やめちゃえばいいだろ」と厳しい言葉が加わります。**体験の回避**をも促しているのです。そして「もう学校に行くのも、テストを受けるのもやめろ」という言葉が続きます。「でも勉強しないと就職できない」と心配すると、さらに「どうせお前は何をしてもダメなんだ」といった言葉が畳みかけられることになるわけです。

　不安を訴えても、自分の中では慰めてくれるようなことはあまりなく、むしろ厳しい言い方をされがちです。そこで使う**言語機能**は、自分への**指示**や**命令**あるいは**体験の回避を促す**ような言葉かけです。

　このような自分自身への**マンドやタクト**は、**自己ルール**として機能する場合があります。

　「もう、やめちまえよ」「やめちゃえばいいじゃん」「どうせいい点数なんか取れないんだから、テストなんか受けても無駄だろ」などと言われると、「難しいことには取り組まず、あきらめる」という自己ルールを生み出すことになり、体験の回避にはまっていってしまうでしょう。

　私たちは自分が隠している秘密の出来事ですらほじくり出し、**批判**、**批評**をし、**ダメ出し**をします。ネガティブな思考は、次々に私たちを苦しめ、こころを萎えさせていくことになるのです。

第4章 言語行動のダークサイド

話し手の言語行動のダークサイド：タクト

　私たちを苦しめ、こころを萎えさせる言語行動のダークサイドを、言葉の機能ごとに見てみましょう。

　自分自身の出来事について**説明したり、報告したりする言語機能として**タクトがあるということを先に説明しました。話し手も聞き手も自分という思考の中でタクトは、自分と自分の間でのみ知っていることについて指摘してきます。これが、思考の中での私的出来事のタクト（指摘）です。「ダメだ」「劣ってる」「バカだ」「やっぱりお前は○○だ」「弱虫」みたいな言い方です。**タクト**という機能の中で、自分への**評価**や、他者との**比較**、ダメ出しなどが自分自身に対する言葉かけとして行われます。

　そのようなときに、話し手である私、つまりタクトしてくる私は、私が隠したいことを何もかも知っています。こころの中にあるパンドラの箱をわざわざこじ開けて、「お前は見ないようにしているけれど、わかっているんだろう？　あのとき、こうやって失敗したじゃないか」と言ってくるのです。**見たくない情報を提示**してきて、その情報をもとに、**他の人と比較**し、**厳しい自己評価**を下します。「何をやっても絶対にできるようになんかならないんだ」「今まで英語の勉強をどれだけサボってきたんだ」「試験勉強をやったことあるのか。中学校の単語も覚えてないだろう」といった嫌なことをほじくり返してくるわけです。自分がこころの奥底にしまっておいた、見ないよ

うにしていた出来事を自分自身はよく知っているので、それを明確に示してきます。これが**タクトの機能**である**私的出来事の指摘**です。

こうしたダメ出しや評価、比較、批判は、聞き手から強化がなくても生じるのでしょうか?

私たちは**不愉快なことや自分で秘密にしていることを言葉にして指摘されると感情的になります**。絶対人には言われたくないけれど、自分の頭の中では時々思い出して、すごく嫌な言葉で自分に語りかけてしまいます。そうすると、感情が高ぶり、落ち込みます。自分自身を落ち込ませることで、勝利者のような感覚を覚えることもあるかもしれません。「言ってやったよ」「甘えてるんだから、これくらい言ってやればいいんだ」といった気持ちもどこかにあるわけです。そうやって落ち込ませることに成功した話し手である私は、自分自身が落ち込んでいるさまを見ながら、ほくそ笑み、それを望ましい結果として受けとめ、言葉かけが継続していくことになります。

話し手の言語行動のダークサイド:マンド

タクトのほかにマンドも、ネガティブな言葉のダークサイドとして機能します。

私たちが自分に対して**要求**をする場合、マンドは**自己ルールの提示**か**体験の回避の指示**であることが多いといえるでしょう。

自己ルールの提示でいえば、例えば職場や学校で、「休むな、もっと急いでやれ」と言ったり、疲れていると感じていても、「もっと頑張れ。他の人はみんなやっているだろう」と言ったりするわけです。

これは自己ルールとして提示されているので、私たちは従おうと必死になります。統合失調症の方やうつ病の方は、このような自己ルールが強い傾向にあります。「自分は病気になってしまったので、もっと頑張らなくてはいけない」と思うわけです。ですから、彼らに休憩の必要性を伝えるのは大変です。そのような思い込み、自己ルールを解くところから始めなければなら

ないからです。

　ある若い男性は、統合失調症になった自分のことを許せず、「もっと頑張らなくてはいけない、頑張って同級生と同じように仕事ができるようになり、追いつき追い越さないといけない」と考えていました。しかし、病気になった脳は、疲れやすくて脆弱です。私は「疲れやすい脳を機能させるには休憩をとったほうがいい」という話をし、彼に休息をとるように勧めました。すると彼は、「いっさい休憩をとらずに一日作業をし、どれくらいミスが出るのか、どのくらいの能率が出せるのか実験して、その結果を見て判断します」と言うのです。実際にやってみたところ、やはり休憩をとったときのほうが作業効率は良く、ミスが少ないということが判明しました。そこまでしてやっと彼は無理をするよりも適切な休憩をとるほうが自分の力を発揮できるということに気づき、休憩の合理性を理解してくれるようになりました。

　障害をもっている人たちには、特別な自己ルールに対するこだわりがあります。それは、「自分が病気になった」「自分はダメになった」という自己概念から来るマンドで、頑張って自己ルールに従おうとするわけです。しかし、必ず限界が生じます。そうすると、体験の回避を指示してくるマンドも出てきます。「やめてしまえ」「逃げろ」「もう会社に行くな」というような思考です。こんな思考が生じるようになると、家からまったく出られない状況になる方もいます。日常生活面では、ごはんを食べすぎていたり、まったく食べなくなったり、あるいはお風呂に入れなくなったり、睡眠がうまくとれなくなっていたりします。もう少し症状が出てくると、リストカットしたり、大きな声で叫んだり、貧乏ゆすりが激しくなってくるような人もいます。同じことを何度も何度も話すというような行動が出てくることもあります。

　これらの行動は、「**サポートしてくれる人が欲しい、誰かに相談したい、助けてもらいたい**」といったことを言葉ではない形で表しているのです。行動分析ではこのような振る舞いも言語行動として取り扱います。「助けて」

と言う代わりにそのような振る舞い方をして注意を引く「注意喚起」という言語行動だと受けとめるのです。

　例えば、ある人がリストカットなど自分を傷つけるようなことをしたらどうしますか？

　「そんなことしちゃダメでしょ。心配だから今日は一緒にいよう」と言って、その人が安心できるように話したり、寄り添ったりするかもしれません。注意喚起行動は、そういう人を求めて行われているかもしれません。その人にとって安心を提供することは大切ですが、一度そうすると、また誰かの注意を引きたいときに、同じような行動をしてしまう可能性が高くなります。

　では、どう対処すればよいのでしょうか？

　自分を傷つけるようなことをした場合、誰にどんなことを伝えたかったのかを言葉にする手助けをするのも一つの方法です。その行動を責めるのではなく、「どんなことで困っていて、誰にどんな相談をしたいと思っているのか」を言葉にしてもらうのです。そして、自分を傷つけるような行動をする前に相談したいことを言葉にしてくれれば、相談の機会を得られることを伝えておくとよいでしょう。

話し手の言語行動のダークサイド：イントラバーバル

　イントラバーバルは、きっかけとなるある言葉に、別の言葉が決まり文句のように連なっているような特徴を持つ言語行動です。例えば、誰かに「風の谷の」と言われると「ナウシカ」と答えるでしょう。同じように「天空の城」とくると「ラピュタ」となるでしょう。私たちは、このような強いつながりのある言葉を、日常生活の中でたくさん学び、さまざまな場面で使っています。

　映画のタイトルのような言葉のつながりであれば、相当に怖い映画などでないかぎり私たちの生活にマイナスの影響を及ぼすことはないでしょう。

ところが、眠れない夜にネガティブな思考がグルグル回りだしたときはどうでしょう？　職場や学校で失敗したり怒られたりしたことを思い出すと、「『私はダメな人間だ』→『何をしても失敗する』→『いつも失敗するんだ』→『みんなそう思っている』→『もう○○に行けない』」といった思考がこころの中で回りはじめるでしょう。このような**グルグルと繰り返される思考**は、私たちが子供の頃、九九の学習をしていたときと同じように、**反復されます**。また、「『ダメだ』→『隠れろ』→『嫌だ』→『逃げろ』→『死にたい』」などのようなつらい思考から逃れることを要求するマンドの機能を持った言葉も出てくるかもしれません。あるいは、「『苦しい』→『寂しい』→『怖い』→『つらい』→『死にたい』」といった強い感情を表す思考も回りだすこともあるでしょう。

　自己ルールとしてのマンドや、強い感情を呼び起こす**私的出来事のタクト**が、頭の中で繰り返されるようになると、言葉に感情がくっついてネガティブな思考からもたらされる苦痛はどんどん大きくなっていきます。頭の中がそんな思考でいっぱいになり、離れられなくなっていくのです。そこには**ネガティブな自己概念**も加わって、何度も繰り返しその考えにのめり込んでいってしまいます。このような思考の繰り返しが**自動思考**と呼ばれるものです。心の中の話し手である私の自動思考に、聞き手である私が耳を傾けたり、注意を向けたり、時々反応したりすることは、その思考を強めていくことになります。自動思考は、注意を向けられているだけで強化されるのです。ネガティブな思考は、反復しつづける自分自身がいて、その反復に没頭し感情的に反応する自分自身がいるかぎり、強化されつづけることになります。私たちは、こうしてとてもつらい時間を過ごしつづけることになるのです。

　そんな自動思考の中から、**自己ルール**が生まれてきます。「もう何をやっても無駄なんだから、死んでしまえ」のような自己ルールです。これは究極の体験の回避ですが、そのような究極の体験の回避を頭の中で思い浮かべてしまい、そこから離れられなくなるという人もいるでしょう。このような自

己ルールに対して、**自己ルール支配行動を選ぶのかどうかは人生のとても大**きな選択となるにちがいありません。

　イントラバーバルは、多くの場合、寝る前や退屈な時間に生じます。

　そんなときに出てくるのはネガティブな思考であることが多く、こころのダークサイドをより重く、大きくしていくことになるのです。

　一方で、**イントラバーバルは単なる言語行動です**。私たちは、言語行動が感情と結びついていなければ、単なる言語行動として取り扱えます。しかし、このような言語行動がつらい感情と結びついた途端に、私たちのこころの中の一大事として取り扱われはじめ、そこに囚われてしまうことになるのです。

聞き手の言語行動のダークサイド：プライアンス

　今度は聞き手側の行動について考えてみましょう。**話し手から示されたルールをきっかけに、聞き手がそのルールに沿った行動をすれば、話し手から認められるような行動が、プライアンスという行動でした。**

　これは言葉のやりとりの中でよく生じます。

　例えば、会社の上司が、このようにやってねと懇切丁寧に部下のある社員に教えたとします（ルールを提示する人が上司、ルールを提示された人が部下です）。上司は結果を期待して丁寧に説明をしたのですが、部下は言われたとおりにやればそれでいいと思い、結果はどうでもいいと思っています。上司は「説明通りにやったらこういう結果になるだろう」と考えていたのに、期待する結果にならなかった。部下は「いや、言われたとおりにやりましたよ」と上司に言います。「言われたとおりにやったんだから、悪いのはあなたでしょう」と言わんばかりです。部下からしてみれば、やった自分に問題があるのではなく、ルールを提示した上司に問題があるというわけです。

　プライアンスというのは、そのように**結果を伴わなくてもルールに沿った**

からいいのだという行動パターンを定着させてしまいます。誰かが困っても、困っている人のことを気にすることなく同じ行動をしつづけるのです。「ルールを提示したのは部長なのだから、課長が困ろうが係長が困ろうが私は知りません。それは、部長に言ってください」というような振る舞い方です。部長が言ったルールに従うということが大事なのだという**自己ルール**が彼の中には存在して、係長や課長が言っても言うことを聞いてくれません。

　ここで大事なことは、**プライというルールを誰が出したか**です。一番偉い部長が言っているのだから、これでいいのだということで彼がやっているとしたら、彼が認められたいと思っているのは部長ということになります。誰の言ったルールに沿って行動し、その人の責任にしつづけているのかということを見ていかないと、そのような行動傾向のある人の振る舞い方について改善の糸口をつかむことはできません。

　誰かが言ったのでそのとおりにしているということであれば、そのプライであるルールを提示した人に訂正してもらえばいいのです。別のやり方が必要なのであれば、誰の指示に従って行うことが重要なのだと一言言ってもらえればルールが変わり、望ましい方法に行動を変えられる可能性が出てきます。

　いずれにしても、ルールに従えばルールを出した人が認めてくれるという行動様式であるプライアンスのまま行動している人は、自律的な働き方がうまくできないので、どこかで次に示すトラッキングに変えていく必要があります。

聞き手の言語行動のダークサイド：トラッキング

　トラッキングというのは、**ルールに従えば良い結果が得られるという行動**です。例えば、「作業が一段落したところで確認すると、ミスのない作業結果を出せる」というルールに従えば常に良い結果が得られる、という経験をすることができれば、トラッキングはとてもよく機能していることになりま

す。

　ただトラッキングにも負の部分はあります。ある程度トラッキングを身につけて、こういうやり方でやっていけばミスなくできるとなってくると、だんだん**トラッキングの中のルールが緩んでいく**場合があります。

　「このくらいやればいい」のような行動傾向は、新入社員にありがちです。新入社員の例を見てみましょう。

　先輩社員が丁寧にルールを示して、ここまでやったらこういう結果になると教えてくれました。最初はそれに従い、良い結果を出していましたが、何回かやるうちに、面倒だと感じた確認の手順を飛ばしてしまうようになりました。何回かうまくできたので、自分はミスをしないという**思い込み**があったかもしれません。そして、「確認工程は飛ばす」という**自己ルールを作り、それに囚われていく**ようになり、小さなミスが出始めました。

　新入社員は、小さなミスが出てもかまわないと思ってしまうのです。それはなぜでしょうか？　答えは単純です。学校のテストでは、100点満点で90点だったら十分に優秀と言われるからです。90点を取るための自己ルールを作って仕事をすると、**ミスを繰り返す**ことになるのです。会社で先輩が教えてくれるのは、100点を取るための仕事の仕方です。仕事では、他の人に迷惑をかけないように、常にミスのない仕事をしなければなりません。このようなギャップに気づかずミスを続けてしまうと、「なぜミスばかりするのだ」と、ひどく怒られることになるでしょう。自分では90点で優秀なはずなのに怒られ、ショックを受けて5月頃になると、五月病になるかもしれません。

　そんな時、その新入社員は「あの人たちは私に意地悪をしている」「この会社は合わない」「仕事が合わない」「もうこんな会社にはいられない」と、欠勤しがちになります。体験の回避です。欠勤を繰り返していると「もう行かなくてもいいや、あんな会社」「私は悪くないんだから」という思考パターンになり、体験の回避から抜け出せなくなります。出勤しても、成長するための努力をしないでいると、ミスを繰り返して注意され、会社に行け

なくなっていくこともあるでしょう。最終的に、体調を悪くして退社してしまうことも珍しいことではないかもしれません。一度、体験の回避に**はまり込む**と、なかなか抜け出せなくなってしまいます。体験の回避をしている間は、一時的につらい現実から離れることができ、楽な気持ちになれます。居心地の良い安全なところで楽しく過ごせるわけです。わざわざ居心地の悪い会社に行くという選択はしなくなります。これが、体験の回避の甘い罠、トラッキングがもたらすダークサイドなのです。

第5章 関係フレーム

関係フレームの働き

　私たちは見知らぬ何かを見たとき、「これは何だろう？」「どのように理解したらいいのだろう？」と考えをめぐらし、言葉として理解していきます。そのような**言葉の新たなつながりの創造の源となるものを、関係フレーム**といいます。**私たちの高い理解力は、関係フレームによってもたらされています。**

　一方で、私たちは何か新しいアイデアを思いついたとき、どのような言葉で相手に伝えればその新しいアイデアが伝わるのかを考え、相手にもわかるように言葉を組み立てて文章をつくり、うまく伝えていくでしょう。そのようなことができるようになることも関係フレームの働きです。

　関係フレーム理論（Relational Frame Theory：RFT）という言葉は、比較的最近出てきた言葉です。アメリカのヘイズ博士が *Relational Flame Theory* という本を 2001 年に出版してから（Hayes et al., 2001）、言語行動の研究をする人たちの間で注目されるようになりました。

　これまでの研究の中には、関係フレームに関する訓練を行うことでヒトの知的能力が向上するというものがあります（Cassidy et al., 2011）。さらに、知的障害のある人や自閉スペクトラム症（ASD）の人を対象とした研究でも、知的能力（IQ）の向上につながる可能性が示されている研究もあります（Dixon et al., 2014）。

多くの学校で関係フレームの訓練を行えるようになれば、すべての子供たちの考える力や判断する力、創造性などの能力が向上する可能性があるのです。これはすごいことです。これまでの学校教育の中でも、物事の比較関係や階層関係などは、算数や数学、理科や社会などさまざまな科目で取り扱われてきています。私たちはそれらを学ぶことで考える力を磨き、さまざまな問題を解決する能力を身につけてきました。ただ、これらの学習内容が複雑さを増すにつれ、それらについていくことができず、あきらめたり投げ出したりする子供もいたことでしょう。

　関係フレームスキルの訓練パラダイムでは、より多くの子供たちに理解しやすく取り組みやすい課題として、これらのスキルの学習課題が示されています。これらの課題を多くの教育の場で広く用いることができれば、より多くの子供たちが物事の複雑な関係性を学び、今よりも高い思考力や問題解決能力を持てるようになるでしょう。もしかしたら近い将来、自閉スペクトラム症の子供たちが、状況に応じて自分の感情がどの程度の強さだったのか、焦りや悲しみ、楽しさをどのくらい感じたのかを言葉にしてくれるようになるかもしれません。

　また、障害をもつ人たちの知的能力が向上すると、それぞれの人ができる仕事の内容や働き方も変わってくるかもしれません。例えば、事務は難しいと思われていた人たちが、さまざまな事務の仕事をこなせるようになるかもしれません。そうすると、日本の労働人口の不足を補い、日本人の基本的な収入を得る力が底上げされてくる可能性も出てくるでしょう。

認知と言語機能の基礎的ユニット：刺激等価性理論

　関係フレームを機能させる仕組みの根本は、**刺激等価性**（stimulus equivalence）を確立する私たちヒトの持つ能力にあります。

　刺激等価性とは、物理的な類似性のない2つ以上の刺激の間に機能的に同一である反応が部分的に形成されると、それらの刺激間で直接には訓練され

ていない**派生的関係**が成立するという能力です。

　例えば、物理的な類似性のない刺激として、①「マロ」と書いてあるカードと、②白黒のウサギの写真、そして③「プーッ」という鳴き声を考えてみましょう。これらの３つの刺激についてまず、「①**名前**→②**写真**」、「②**写真**→③**鳴き声**」という２つの関係性を学習します。

　まず、「マロ」という文字が書いてあるカードを提示され、「白黒のウサギの写真」と「イヌの写真」や「ネコの写真」などの選択肢が示されます。「『マロ』はどれでしょう？」の問いに、「白黒のウサギの写真」を選ぶと「正解！」というフィードバックが来ることで、文字と写真の関係（①**名前**→②**写真**）が訓練され、学習されます。

　すると、「白黒のウサギの写真」を見せられて、「この写真の動物の名前は何ですか？」と聞かれて「マロ」と答えることができるようになります。

　実は「①『マロ』という名前は②『白黒のウサギの写真』の動物のことだ」とは訓練されましたが、「②『白黒のウサギの写真』の動物は①『マロ』という名前ですよ」とは直接には教わりませんでした。それなのに、

　〈①「マロ」→②「白黒のウサギの写真」〉であれば、

　〈②「白黒のウサギの写真」→①「マロ」〉である、

　という関係が理解できているのです。つまり、②**写真**→①**名前**という**派生関係**が自動的に出来上がったのです。このように、訓練された関係性の逆の関係性が成立することを**対称律**といいます。

　同じように、「白黒のウサギの写真」が示されて、「これは『プーッ』と鳴く」と訓練された後（②**写真**→③**鳴き声**）、「『プーッ』と鳴くのはどれですか？」と問われると、「白黒のウサギの写真」を選べるようになります。ここでも、

　〈②「白黒のウサギの写真」→③「プーッ」〉であれば、

　〈③「プーッ」→②「白黒のウサギの写真」〉である、

　つまり、③**鳴き声**→②**写真**という派生関係（対称律）が出来上がりました。

68

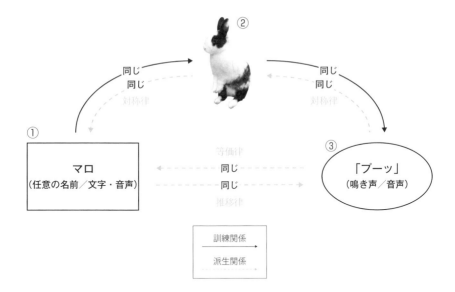

すると今度は、②「白黒のウサギの写真」を見せられなくても、「マロは
どんなふうに鳴きますか？」と問われると「プーッ」と答えられるようにな
ります。ここでも、

〈①「マロ」→②「白黒のウサギの写真」〉と

〈②「白黒のウサギの写真」→③「プーッ」〉

という２つの直接訓練された関係から、直接訓練されてはいない、

〈①「マロ」→③「プーッ」〉

つまり、①名前→③鳴き声という派生関係が出来上がるのです。このよう
に訓練された２つの関係性から１つの刺激を飛び越えて成立する派生関係を
推移律といいます。

さらに、「『プーッ』と鳴く動物の名前は何ですか？」と問われると「マ
ロ」と答えられるようになります。ここでも、先ほどの２つの直接訓練され
た関係〈①→②〉と〈②→③〉から、直接訓練されていない、１つの刺激を
飛び越えた逆の関係性である、

〈③「プーッ」→①「マロ」〉

つまり、③鳴き声→①名前という派生関係が出来上がります。このような派生関係を**等価律**といいます。

思い出してください。〈①名前→②写真〉と〈②写真→③鳴き声〉の2つの関係性が訓練され学習されただけでした。刺激等価性とは、この2つの関係性を訓練すると、訓練されていない刺激間の関係性でも同じであるとする派生的関係が自動的に成立するという人間の能力を示しています。

私たち人間は、このような派生的な関係を自動的に成立させる能力があります。このような派生的関係を成立させることができる力はヒト特有の能力で、他の動物、例えばチンパンジーやオランウータンなどの霊長類でもうまく成立しません。

刺激等価性は私たち人間にとっては当たり前の能力なので普段はあまり気にすることはありませんが、この能力を基礎として、私たちの言語能力は非常に華やかな創造性を持つことができるのです。ビルを建てられるのも、いろいろな食品を加工できるのも、パソコンを作れるのも、インターネットで世界中を結びつけることができるのも、刺激等価性を確立することができる私たちの言語能力のおかげなのです。

刺激等価性を発見したシドマン博士（Sidman & Tailby, 1982）は、失語症の人や知的障害、発達障害のある子供たちに対し刺激等価性が成立するのかどうかについての研究に始まり、多くの対象者で研究を重ねています。その結果、ヒトの場合には、1歳半や2歳の子供でも刺激等価性が確立されるということを明らかにしています。

ヒトの言語行動の基礎：関係フレーム理論

ヘイズ博士（Hayes et al., 2001）が提唱した**関係フレーム理論**では、刺激等価性の理論をさらに推し進め、さまざまな言葉の派生的関係がもたらす能力について検討されています。

関係フレーム理論は、言語と認知の理解に関する新しいアプローチで、ヒ

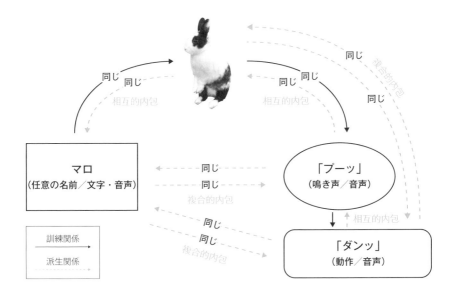

トの言語行動の基礎の部分です。話したことがない言葉を話し、聞いたことがない内容を理解する力をもたらす仕組みです。

　関係フレームは、訓練した以外の部分、**派生的な関係反応**で構成されています。この反応を専門用語では、「任意に適用可能な関係反応（Arbitrary Applicable Relational Responding：AARR）」といいます。任意なので、どのような刺激間の、どのような関係性の中でも使うことができる反応ということになります。刺激等価性では、「同じ」という関係性についての広がりを見ましたが、関係フレームは、「同じ」以外の関係性についても適用可能で、さまざまな関係性へと派生させることが私たちの能力を幅広く伸ばしていくことへとつながっていきます。

　先ほどの例では、３つの刺激の中では２つの関係を学習すると他の４つの部分（p.69 の図の緑色の部分）が成立することを見てきました。この３つの刺激に、さらに「プーッ」と鳴く動物は、ときどき「ダンッ」という動作をすることを入れてみましょう。１つ刺激が増え、「プーッ」と鳴く動物が「ダンッ」とするという関係性が学習されました。

「ダンッ」とする動物の名前は何ですか？「マロ」です。では、「ダンッ」とする動物はどんな姿をしていますか？「白黒のウサギ」の写真を選ぶでしょう。では「白黒のウサギ」は、ときどきどんな動作をしますか？　と問われると「ダンッ」とすると答えるでしょう。

このように「プーッ」と鳴く動物が「ダンッ」という動作をすると聞いた瞬間に、刺激等価性を成立させる能力が働きます。刺激間の関係性は、新たな刺激を加えられると、その刺激も含めた関係性を、どんどん派生的に拡張していくことができるのです。

応用的活用のための訓練

さらに、これらの考察をベースにすると、この「白黒のウサギ」が「マロ」で「プーッ」と鳴くのだとしたら、イヌは「タロ」で「ワン」と鳴き「スクッ」と立っているという関係性もスムーズに学習できるでしょう。そして、次々とネコの「ヒメ」や、ウシの「44」、ウマの「ムサシ」やゾウの「ヌシ」についても、鳴き声や動作を関係づけることができるようになります。あるいは、名前のわからない何かに対しても適用することができます。例えば、トゲトゲした動物の写真を見て、任意に名前や泣き声、動作を適用することができるでしょう。名前は「トガリ」で、鳴き声は「ギュ」、そして「ササササ」と動くといった具合です。

これらは、マロ＝白黒のウサギとは違う動物であることを示しています。同じという関係フレームに加えて、違うという関係フレームを使うことで、動物の種類を区別できるようになります。

見た目はみんな、四つ足で、しっぽがあり、目鼻があります。そして、人の言葉は話さないという特徴が共通している動物で、人間とは違う生き物です。大きく分ければ動物ですが、これらの動物は種類や名前、鳴き声や動作が違っているので、別の種類の動物として区別できるのです。

関係フレーム名	関係フレームの種類
等位	「〜である」「〜と同じ」「〜と一緒」「〜を意味する」
反対	反対「〜の反対」、好き／嫌い
区別	異なるもの、違うもの、物事の区別 （動物、植物、乗り物、食べ物…）
比較	多い／少ない、大きい／小さい、 重い／軽い、長い／短い
階層的関係	含む／〜の一部、含む／含まれる
時間的関係	先に／後に、早い／遅い、新しい／古い、過去／未来
空間的関係	後ろに／前に、右に／左に、上に／下に、遠い／近い
因果関係	もしも〜なら、A ならば B
視点の関係	私／あなた、ここ／あそこ、今／その時

関係フレームにはさまざまな種類がある

　いろいろな関係フレームの訓練をしていくと、どんどん語彙が広がりま
す。

　同じ（**等位**）という関係フレームに、**違う（区別）**という関係フレームを
1つ入れると、いろいろなものを分けていくことができるようになります。
シドマンは、刺激等価性の研究の中で「**等位**」という関係性について研究を
深めましたが、ヘイズは「**反対**」「**区別**」「**比較**」「**階層的関係**」「**時間的関
係**」「**空間的関係**」「**因果関係**」「**視点の関係**」といった関係フレームファミ
リーを定義しています。関係フレームにはさまざまな種類のファミリーがあ
り、それぞれ別の働き方をして、私たちの言葉の生活を豊かにしているので
す。

　私たちは、日々の会話の中で、関係フレームの手がかりとなるキーワード

を使って、どんな関係性について話をしているのかを理解し、表現しています。例えば「ゾウより大きくて、トラより速いんだよ」と言われたら、どんな動物を想像しますか？

　私たちは見たことがないものでも、ある程度イメージすることができます。これは、関係フレームに基づく派生的関係反応です。見たことはなくとも、頭の中で言葉のつながりを派生させていき、イメージし、理解することができるのです。

等位の関係フレーム

　関係フレームのファミリーについて、いくつか例を見てみましょう。

　まず「等位」と「区別」の関係フレームについて考えてみましょう。

　「ＢとＣは同じで、ＢとＡは違うとしたら、ＣとＡは同じですか、違いますか？」

　答えは、「違う」です。Ａ ≠ Ｂ ＝ Ｃですから、Ｃ ≠ Ａとなります。

　これを動物たちに置き換えると、トイプードルと柴犬は同じですが、チンチラはトイプードルと違います。するとチンチラと柴犬とは違うということになります。これをたくさんのネコやイヌに適用していくと、いろいろな色やタイプがありますが、ニャーと鳴くのはネコのグループ、ワンと鳴くのはイヌのグループ、と分類でき、ネコのグループとイヌのグループは違うということになります。

　動物というのはもちろんこの２種類だけではありません。イヌでもない、ネコでもない動物がたくさんいます。生物学者は、生物学的に同じ種類のものがいるかどうかを調べ、地球の動物には多様性があるということを発見しました。私たちは動物や植物、人種などさまざまな事象を**分類**したり、あるいは**区別**したりすることで、さまざまな事象を学んでいきます。これを**概念形成**といいます。

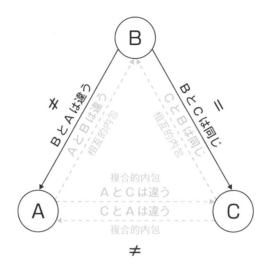

A ≠ B ＝ C

ＢとＡは違う、ＢとＣは同じ

比較の関係フレームとその応用

　次は、**比較**の関係フレームです。

　「ＢはＡより大きくて、ＢはＣより小さいとしたら、ＡとＣ、あるいはＣとＡの関係はどうなりますか？」

　Ａ＜Ｂ＜Ｃとなりますから、ＡはＣより小さい、あるいはＣはＡより大きいという答えになります。

　ＡとＢの関係について１つの表現を、またＢとＣの関係について１つの表現を学びました。ＡとＣの関係性はまだ学習する機会が与えられていませんが、数式で表すと、Ａ＜Ｂ＜Ｃという関係性になっています。これに基づくと、Ａが一番小さくてＣが一番大きいとなるわけです。

　「**比較**」の関係フレームからは、さまざまな種類の関係フレームファミリ

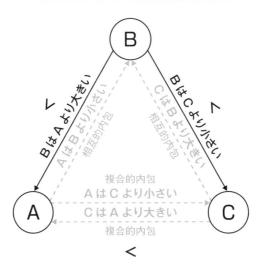

$$A < B < C$$

BはAより大きい、BはCより小さい

ーが発展してきます。

　例をいくつか考えてみましょう。

【例1】　例えば、500円、100円、50円の硬貨が1つずつあったとします。
　　　　　硬貨の大きさを聞かれたら、100円玉は500円玉よりも小さく、
　　　　　50円玉より大きいです。
　　　　　「一番価値の高いのはどれですか？」と聞かれたら500円玉です。
　　　　　「一番価値が低いのはどれですか？」と聞かれたら50円玉です。

【例2】　同じ種類で大きさの違う、Lサイズ、Mサイズ、Sサイズのソフ
　　　　　トクリームがあるとします。
　　　　　「一番大きいソフトクリームはどれですか？」と聞かれたらLサ
　　　　　イズですね。

「一番値段が高そうなアイスクリームはどれですか?」と聞かれたらやはり L サイズのソフトクリームでしょう。

中くらいなら M サイズです。

【例3】 ニワトリ1羽、ヒヨコ3羽、タマゴ5個があったとします。

「一番数が多いのはどれですか?」と聞かれたらタマゴです。

「一番大きいのはどれですか?」と聞かれたらニワトリです。これらの問題は比較の関係フレームファミリーを使っています。

「成長した最後の形態はどれですか?」と聞かれたらニワトリです。時間的にはタマゴが先で、時間が経つとニワトリになるからです。この問題では時間的関係の関係フレームファミリーを使っています。

【例4】 クルマ、自転車、徒歩という手段があります。

「近いところに行くのには、どれが便利ですか?」と言われたら徒歩です。

「200 キロ先まで行くときはどれで行きますか?」と言われたらクルマという選択になります。

この例では、空間的関係と時間的関係の関係フレームファミリーを使っています。

【例5】 午前7時と、12時（正午）と、午後5時の3つの時間で考えてみましょう。

「12時より早い時間は?」と聞かれれば午前7時です。

「12時より遅い時間は?」と聞かれたら午後5時です。

時間から日付になると、もう少し幅広い時間間隔を取り扱うことになります。何年何月何日のこれよりも前、これより後はどれかというふうになるわけです。これは時間的関係の関係フレームフ

ァミリーを使っています。

比較の関係フレームファミリーは、「時間的関係」や「空間的関係」の関係フレームファミリーへと発展し、さらに**速度**、**距離**、時間的空間的な**位置関係**などのさまざまな関係性へとつながっていきます。

私たちは、関係フレームのいろいろな応用を、私たちの日常のさまざまな場面で学び、使っています。比較の関係フレームという言葉を知らなくても、「○○と比べて」とか、「もっと早く着くには」といったキーワードが来ると、比較の関係フレームを自然に使えるようになっているのです。関係フレームをうまく使いこなして問題の解答を導き出す力は**問題解決能力**と言えます。問題解決能力は、関係フレームをベースにして、そのときの条件、文脈に応じて使い分けることで、その力が発揮されるのだと考えることができるでしょう。

関係フレームを操る能力は非常に便利な能力ですが、もし関係フレームがなかったらどうなるでしょう？

発達障害の人たちの中には時々、数字が単なる記号であって量の概念と結びついていないという人がいます。量の概念と結びついていないので、数字を示されて、より大きいのはどれか、より小さいのはどれかと聞かれてもうまく答えることができません。

1、2、3、4、5という数字は、何かの具体物と結びつくと量を表す記号になります。一方で、数字を記号としてしか見ていないということは、ひらがなの、あ、い、う、え、お、英語のA、B、C、D、Eと同じで、量とはまったく関係のない記号として認識されていることになります。

私たちは一般に、数字と量の関係をさまざまなパターンで経験し、感覚的に把握できるようになっています。例えば、棒が「― ― ― ― ―」のようにあると5という数字とつながり、「― ― ― ―」なら4という数字と瞬時につながります。しかし、10個の棒がバラバラに散らばっていたら、数えないとそれが10という数字とはつながりません。私たちが一度に

把握できる量には限界があるからです。量が1つ2つなら動物でも一瞬でその違いを見分けることができますが、3つ以上になると量の認識を瞬時に行うことは難しくなると言われています。

　私たちがたくさんの量を取り扱えるようになるには、数字と量の関係を学習したうえで、比較の関係フレームを使うことが必要になります。言い換えると、比較の関係フレームを使うには、数字と量の関係性が身についていることが前提となるので、数字と量を関係づける基本的なスキルの練習を行わなければならないのです。この基本的なスキルには、例えば、いくつかのドットが描かれたカードと数字カードを結びつけたり、数羽のヒヨコの描かれたカードと数字カードを結びつけたりする練習がよく用いられます。

　比較の関係フレームは私たちの考える力に密接に結びついています。

　数字の1、2、3は順序のある言葉のつながりですが、これを1回目、2回目と考えることもできます。1回の作業で10個の製品が作れるとすると

「2回目まで頑張ってやったらどのくらいできそうですか？」

　と聞かれたときに、1回目に10個、2回目に10個、合わせて20個できると答えるでしょう。回数を重ねると何個できるのかという聞き方をされたときには、数字と作業量を掛け合わせて数量で答えを出していきます。では、

「100個作るまでに、何回やったらいいですか？」

　と聞かれたらどうでしょうか？ 100という数量を1回あたりの作業量10で割るか、1回ごとの作業量を100になるまで足し上げて考えるのが一般的でしょう。

「50個作る時間と比べて、100個作るにはどのくらいの時間が必要ですか？」

　と聞かれると、数量が倍あることを手がかりにして、時間の関係フレームと関係づけて答えを出すでしょう。1回にa分、2回にa×2分、……5回目はa×5分……10回だとa×10分といった具合です。このように数字と量が結びついていると、量と時間を比較して考えることができるようになります。比較の関係フレームが使えるようになることで、空間や時間といった

関係フレームへと応用できるようになっていくと考えることができます。

関係フレームづけの広がり

　関係フレームによって、多くの言葉の世界が広がり、見たことのないものを言葉にして説明したり、聞いたことのない話を想像して理解したりすることができるようになると述べました。そのためには、言葉のつながりを柔軟に作っていくことができなくてはなりません。関係フレームの中で、語彙がどのように広がりを持っていくのかということについて、私たちの気持ちの表現を例に考えてみましょう。

❀ 等位の関係フレームから見たポジティブな気持ちの言葉

　気持ちを表す言葉は、ポジティブなものとネガティブなものに分けられます。ポジティブな単語の一つとして「好き」があります。そして、「好き」に関連する単語には「可愛い」「好む」「憧れる」「恋する」「愛する」「思いやる」といった言葉もあるでしょう。それでは、「憧れる」と「恋する」と「愛する」は、同じものでしょうか？

　全部「好き」と同じような言葉ですが、少しずつニュアンスが違います。「憧れる」であれば、誰か素敵な人に対し、見に行きたい、会えるといいなと感じている気持ちです。「恋する」となったら、自分の近くにいる素敵な人にビビッときたといった感じかもしれません。「ずっと一緒にいたい、この人のことを大切にしたい」と思うようになると、ビビッとくるという感覚的なレベルから言語的なレベルへと変化し「愛する」ということになるでしょう。「愛する」というのは好きの中でもかなり上位にあるかもしれません。たとえ一緒に住めなくても、いつもその人のことを大切に思いやるということも「愛する」ことのあり方の一つでしょう。

　言葉の一つひとつはすべて「好き」と同じような意味あいであっても、少

しずつ違いがあります。それらの言葉は、それぞれの場面で実体験するか、あるいは場面が書かれた物語や映画などで仮想体験することではじめて学ぶことができるでしょう。「憧れの意味は何ですか？」と聞かれても、「こんな状況でこうなること」といったように、場面を手がかりに表現することしかできません。つまり、私たちの感情を表すような言葉を1つ学習するには、その感情を一度は体験する必要があるのです。

「好き」とは違う別のポジティブな感情に「喜び」があります。「喜び」は、「楽しい」「嬉しい」「ワクワク」「幸せ」「懐かしい」といった言葉に言い換えることができそうですが、「楽しい」と「嬉しい」は少し違いますし、「嬉しい」と「ワクワク」も少し違います。「幸せ」はより包括的な感情かもしれませんが、「楽しい」とはやはり少し違うように感じます。「喜び」は、「幸せ」とも「懐かしい」ともつながりがありますが「懐かしい」と「幸せ」は違う文脈で使われるでしょう。これらの言葉の意味あいも、場面を通して体験的に学んでいくことが一般的でしょう。

「好き」とも「喜び」とも違うポジティブな感情はほかにもあります。「安心」です。ここには「やすらぐ」「すっきりする」「和む」「落ち着く」といったものが含まれますが、これもそれぞれ少しずつニュアンスが異なり、体験によって学ぶ感情表現の言葉です。

❁ 反対の関係フレームから見た気持ちの言葉

一方で、ポジティブな単語の反対であるネガティブな単語を見ていきましょう。

「好き」という感情の反対は「嫌い」です。「嫌い」の中には、「憎らしい」「羨ましい」「妬ましい」「恨めしい」「腹立たしい」といったものがあります。それぞれ「嫌い」と関連しているようですが、やはり少しずつニュアンスが違います。

また、「喜び」の反対には、「悲しい」という感情があります。「悲しい」

と関連のある感情を考えると、「寂しい」「空しい」「つらい」「情けない」といった言葉が挙げられるでしょう。

さらに、「安心」の反対には「不安」や「恐怖」の感情があります。これに関連のある感情を考えると、「怖い」「心配」「心細い」「焦り」といったものが挙げられます。

これらの感情の言葉を学習するためには、それぞれの言葉に対応した文脈・場面で、これらの感情を直接体験して学んでいくことが中心となります。感情という私的出来事を表す言葉を学ぶには、一つひとつの体験を積み重ね、適切な言葉を他者から教えられフィードバックを受けながら、少しずつその数を増やしていくことが必要なのです。

❀ 比較の関係フレームとの組み合わせによる多彩な気持ちの表現

ここで、私たちが誰かに気持ちを伝えている場面を、もう一度考えてみましょう。これらの言葉は単独で使っているでしょうか？

「どれくらい羨ましいのですか？」と聞かれて、「羨ましい、羨ましい、羨ましい」と3回言えば羨ましさが伝わるでしょうか？「どのくらい恋人のことを愛していますか？」と聞かれて、大きな声で「愛しています!!」と言えば十分に伝わるのでしょうか？

そのような表現の仕方ではうまく伝わらないことが多いので、私たちは比較の関係フレームをつけて表現しています。「すごく」とか「とっても」とか「ちょっとだけ」といった言葉です。「すごく愛しています」といったようにです。さらに、「人生の多くの時間を費やしてもいいくらい大切に思っています」とか「私が持っているすべてのものをできるだけ早く届けたいくらい彼のことを愛しています」と言うこともできるでしょう。

比較の関係フレームの言葉を、気持ちを表す言葉にプラスするだけで、多彩な表現になります。「あなたのことは嫌いじゃない、ちょっとだけ好き」といった表現もできます。「すごく怖かったんだけど、それほど心細くはな

かった」ということも言えるわけです。組み合わせは無限と言ってもいいくらいです。感情を表す言葉は直接的な体験をしながら一つひとつ言葉を増やしていましたが、比較の関係フレームを加えると、気持ちの表現力は爆発的に広がります。

　それでは、今度はそこに時間的関係の関係フレームを入れてみましょう。「今日・昨日・明日」や「今週・先週・来週」、「今月・先月・来月」という言葉を入れると、さらに表現が広がります。「先週雨が降ったとき、一人ぼっちでものすごく寂しかった」「今週の日曜日に出かけたけれど、誰にも会えなくて、もう寂しさ倍増だったよ」といった具合です。

　さらに、空間的関係の関係フレームによって、場所を示す「そこ、ここ、どこか」といった言葉を加えることもできるでしょう。そうすると、「いつ（時間）、どこで／どんな場面で（空間）、どんな出来事があって（体験）、どのくらい（比較）、どんな気持ちだったか」を語れるようになります。

　このような多彩な表現が関係フレームの組み合わせによって培われ、私たちは見たことも聞いたこともない、体験したこともないものでも上手に言葉で表現できるようになります。また、誰かが関係フレームを組み合わせて説明してくれれば、誰かが体験したことだけでなく、その時の気持ちまでありありと理解できるようになるのです。

✿ 言葉の世界を整理する階層の関係フレーム

　関係フレームを組み合わせて上手に表現できるようになると多彩な表現力を身につけることができますが、どの言葉を選んだらいいのか、どれが適切な言葉なのか、わからなくなりませんか？

　そんなとき、私たちが使っているのが**階層の関係フレーム**です。「前にこんなことがあったね」と言われても、どれくらい前かわかりません。1週間前、1カ月前、去年といったように、時間的関係に階層性を持たせればわかりやすくなります。

今は今日に含まれ、今日は今週に含まれ、今週は今月に含まれ、今月は今年に含まれるという考え方が**階層性**の一つの例です。私たちは関係フレームの組み合わせでもたらされる、複雑多岐にわたる表現を階層の関係フレームで整理しています。そして、整理された言葉をタンスから引き出してきて言葉を組み合わせていくことで多彩な表現を実現し、的確に伝えることができるようになるのです。

　四つ足のものは動物で、ネコもイヌもみんな動物だとひとくくりにして、「動物はかわいい」と表現することもできますが、「先週見た、近所のちょっと小さなトイプードルが、ちょっとだけ首を傾げたしぐさが可愛いかったんだよね」と言うと、ずっと具体的に伝えることができるでしょう。

　私たちは、階層の関係フレームを使うことで、大枠で表現することもできますし、時間や場所、大きさやしぐさの程度などをすばやく組み合わせ、細かく表現することもできるのです。どのくらいすばやく多彩に細かく表現できるかは、どのくらい階層の関係フレームを身につけ、言葉を整理しているのかによるかもしれません。私たちは、言葉を用いた表現を無限大に広げていくだけではなく、切り分け、整理・分類をしていくことで、もっとうまく言葉を紡ぎ出せるようになっていくのです。

❀ 自閉スペクトラム症の子供たちの気持ちの表現

　自閉スペクトラム症の子供たちは、気持ちの言葉を学ぶのが苦手だといわれています。

　気持ちの表現を教える方法についての研究もありますが、気持ちの多彩な表現を教えようとすると、確かに多くの壁に阻まれているように感じるかもしれません。

　自閉スペクトラム症の子供たちが自分の気持ちを表現することの苦手さは、私たちが外国人と外国語で話していて、気持ちを表す単語が思い出せなかったときに似ているかもしれません。そんなとき、私たちはどのように自

分の気持ちを伝えようとするでしょうか？

　気持ちを表す言葉が見つからないと、私たちはその場面を具体的に表現しながら別のいくつかの方法を組み合わせるのではないでしょうか。その場面でどのくらい自分の感情が喚起されたのかを伝えるために、表情やしぐさをオーバーにしてみたり、感情的になって大きな声を出したりしながら、そのときの場面や出来事について語るでしょう。

　気持ちの表現がうまく学習できていない自閉スペクトラム症の子供たちは、自分が驚いたり、怒られたり、あるいは嬉しかったりしたことがあったときに、そのときの状況、その出来事をよく話します。繰り返し、繰り返し、同じことをずっとしゃべっていることもあります。そんなとき、彼らが本当に伝えたいことは、その時感じた気持ちなのかもしれません。「もう悲しくて、悲しくて、悔しくてしかたなかったんだ」とか「むちゃくちゃ楽しかったんだよ」といった気持ちを伝えたかったのかもしれません。しかし、それを伝える語彙や言葉をうまく組み合わせる能力がないので、その代わりに彼らは出来事について一生懸命に語るのではないでしょうか。実体験の中で周囲の人から直接教えられた言葉で、その時の気持ちを一生懸命に伝えようとしているわけです。そのような伝えられ方をしたときに、私たちはどのように受けとめ、答えているでしょうか？　彼らが気持ちを伝えようとしていると受けとめているでしょうか？　それとも、「くどくど何度も同じことを言っているけれど何が言いたいのかな、困ったな」と思っていないでしょうか？

　「何度も同じことを言わないで。落ち着いてゆっくりしゃべってちょうだい。何が言いたいの？」と聞き返す代わりに、彼らに「悲しい、怖い、不安」「嬉しい、楽しい、びっくり」のような言葉の選択肢を示して気持ちを尋ねたり、その気持ちは10のうちどのくらい大きかったのかと尋ねたりすると、適切な気持ちの表現を引き出すことができるかもしれません。彼らがうまく気持ちが伝わったと感じたら、繰り返されていた出来事の表現は収まってくるでしょう。私たちは、気持ちの言葉は誰でも学んで使えると思いが

ちですが、気持ちを多彩に表現するためには、いくつかの関係フレームを使って適切に組み合わせていくことを学ばなければならないのです。

視点取得と「心の理論」

これまでに、いろいろな関係フレーム理論について見てきましたが、今度は「示差」という関係フレームファミリー、言い換えると「視点取得」という関係フレームについて見ていきましょう。

❈ 心の理論

視点取得の関係フレームを考える前に、「心の理論」と呼ばれるものについて見てみましょう。心の理論というのは、自閉スペクトラム症の方たちが苦手だとされている部分ですが、「人が相手の立場に立って、相手のこころを類推し、理解する能力」のことを表しています。この理論はプレマックとウッドラフによる論文 "Does the chimpanzee have a theory of mind?"(Premack & Woodruff, 1978) で初めて提唱されました。それ以後、特に発達心理学において、乳幼児を対象にさまざまな研究が行われるようになりました。私たちは、どのようにしてこのような能力を身につけることができるのでしょうか？

心理学の有名な実験に「**サリーとアンの実験**」というものがあります。

　サリーとアンが部屋にいて、サリーはカゴを持っています。アンは箱を持っています。
　サリーはビー玉を持っていて、ビー玉を自分のカゴに入れました。
　サリーは外に出かけました。
　アンはサリーのビー玉をカゴから取り出して自分の箱に入れました。

アンが部屋からいなくなったあと、サリーは部屋に戻ってきました。サリーはビー玉で遊びたいと思いました。サリーはどこを探しますか？

　この問いに対する答えは、**カゴ**です。アンがビー玉を動かしたことを知らないサリーはカゴを探すことでしょう。これを自閉スペクトラム症の子供たちに尋ねると、多くの子供たちが**箱**と答えます。ビー玉が箱の中にあって、箱を探すと見つかるといった答えになることが多いのです。サリーの視点に立って考えるのではなく、自分から見てどこにあるのかを答えているのです。サリーが困るだろうなとか、ビー玉がないと騒ぐかもしれないなといったことは想定できないので、自閉スペクトラム症の子供たちは、そのような事態に共感することができないだろうと考えられているわけです。

❀ 関係フレームに基づく視点取得の研究

　このような相手の立場に立つという振る舞い方を視点取得といいます。私たちが視点取得を学ぶための訓練の方法として、関係フレームを用いた訓練を行った研究があります。関係フレーム理論に基づく**視点取得**の研究です。レーフェルトら（Rehfeldt et al., 2007）による研究では、パソコンの画面に次のような課題を提示し、被験者に正しい答えを選択するよう求めます。

　「**私は赤いレンガを、あなたは緑のレンガを持っています。私が持っているのはどっちのレンガですか？**」

　このように聞かれると、「赤」と答えるでしょう。これはシンプルな質問で、そのまま答えればいいわけです。

　次は、**逆転**の関係の質問です。

　「**私は赤いレンガを、あなたは緑のレンガを持っています。もし、私があなたで、あなたが私だったら、あなたが持っているのはどっちのレンガですか？**」

　これは少し複雑ですが、答えは「赤」です。私とあなたとを入れ替える、

つまり1回立ち位置を逆転すればよいのです。

　次は、**二重に逆転された関係**の問題です。

　「今日、私はここの**大きな椅子に座っている**。昨日、私はそこの**小さな椅子に座っていた**。もし、ここがそこで、そこがここで、今日が昨日で、昨日が今日だったら、私は今、どこに座っていますか？」

　このように聞かれると、誰でも困ってしまいます。2回立ち位置が変わりました。今日と昨日が入れ替わり、こことそこが入れ替わっています。2回変わったので、「大きな椅子」が正解です。2つの条件が入れ替わった結果、元の位置に戻ります。逆転するのが時間であれ、場所であれ、2回逆転すると元に戻るのです。

❀ 「違う」と「反対」

　「違う」と「反対」は違います。その違いを考えるために、次の問いを考えてみましょう。

　「**AとBは違います。BとCは違います。ではAとCは同じですか、違いますか？**」

　このように聞かれると、少し答えづらく感じるかもしれませんが、答えは「違う」です。AとCは同じかもしれないし違うかもしれないのですが、BとCが違うことに、CとAが同じということが含まれているかどうかは定かではありません。そのため、答えは「違う」になります。

　「**AはBの反対です。BはCの反対です。ではAとCは同じですか、反対ですか？**」

　このように聞かれると、やはり少し答えづらく感じるでしょうが、2回反対になったので「同じ」になります。

　大人でも、反対の関係フレームの処理をすばやくするのはなかなか大変です。しかし、これらの問題を繰り返し練習すれば、だんだん速く答えられるようになります。

❀ 視点取得は「反対」の関係フレームの組み合わせ

「示差」と呼ばれる視点取得の関係フレームは、実は、複数の「反対」の関係フレームの組み合わせから構成されています。視点取得は「**私⇔あなた**」「**今⇔その時**」「**ここ⇔そこ**」という**反対**の関係フレームの複合体なのです。このように考えると、視点取得の練習をして、先ほどのような問題にすばやく答えられるようになれば、相手の立場に立って物事を見ることについても、よりスムーズにできるようになるかもしれません。

練習すれば正確にすばやくできるようになるのですから、人の立場に立つことが苦手だといわれている障害のある人たちでも、同じような訓練によってこれらのスキルを伸ばすことができる可能性があるのです。先の研究では、このような訓練を、学齢期前の5、6歳くらいの子供たちや自閉スペクトラム症の子供たちに行うことで、視点取得スキルが改善されるというデータが出ています。

このような研究結果から考えると、自閉スペクトラム症の子供たちが心の理論をうまく扱えないというのは、本人たちの練習不足か、支援する人たちが訓練の方法を知らず、学習の機会を提供できていなかったからだということになるかもしれません。自閉スペクトラム症の子供たちには、心の理論を学び、相手の立場に立つ視点取得のスキルを学習できる可能性があるのです。

言葉のライトサイド：無限の広がり

私たちヒトが持っている関係フレームによる言葉の広がりは、さまざまな問題を解決したり、私たちの生活をもっと便利に豊かにしたりすることに役立ちます。このような言葉のライトサイドは**無限の広がり**を持っています。実際に直接体験していないことを表現したり、自分が経験できないようなことを聞いて理解したりすることができます。

言葉のライトサイドである無限の広がりは、私たちの生活の中でいろいろな使われ方をしています。例えば、**創造する**ということもその一つです。絵を描いたり、彫刻をしたりするときには、表現したいものを考え、あれでもない、これでもないと、自分の感情や感覚、体験や記憶をベースにしながら関係フレームの力で言葉を広げ、作品を創造していきます。私たちの**芸術**は言葉のライトサイドの一つの例と言えるでしょう。

　また、科学的なデータに基づいて実験をし、新たな素材を開発しながら**問題解決**をしていく**科学技術**の発展にも、言葉のライトサイドは使われています。その結果として、コンピューターやスマートフォンなど便利な製品が作られたり、巨大なビルが建てられたりするのです。

　科学技術の発展の過程で、私たちはさまざまな実験や研究についての共通認識を持つことができます。例えば、ノーベル賞を受賞した山中伸弥教授が発見したiPS細胞の研究は、さまざまなカンファレンスを通じて世界中の科学者に共有されていきます。世界中の科学者はお互いの持つ情報を交換しながら、新たな研究を展開していきます。ここにも、言葉のライトサイド、無限の広がりがあります。

　また、私たちは今まで自分たちが**経験したことのないこと**、あるいは二度と経験したくないような出来事についても**共感的理解**をすることができます。8月の原爆忌に、広島と長崎で毎年式典が行われます（8月6日には広島平和記念式典〔広島市原爆死没者慰霊式並びに平和祈念式〕が、8月9日には長崎平和祈念式典〔長崎原爆犠牲者慰霊平和祈念式典〕が行われます）。現代を生きる多くの人は、原爆の被害に直接遭ったことはありません。しかし、実際に広島や長崎で被爆した人たちがいて、被害の状況などを語り継いでくれていますし、それがどのような悲惨な状況だったのかを『はだしのゲン』などのマンガや、絵画などで見ることもできます。広島の原爆ドームや平和記念資料館に行けば、そのときどのようなことが起こったのかがわかります。

　式典を通じて、私たちはそれがどれくらい悲惨な出来事であり、二度とあってはならないことか、**共感する**ことができます。これも言葉のライトサイ

ドの一つでしょう。どんなに悲しい出来事であっても、それを糧にしながら二度と同じようなことを起こさないと考えることができるとすれば、それは言葉のライトサイドがもたらす大きな効果だと言えるでしょう。

考える──創造：問題解決能力

　関係フレームによる言葉の広がりが持つ言葉のライトサイドの一つ、**創造的な問題解決能力**について見てみたいと思います。

　考えるという行為を通じて、さまざまな問題の解決に近づくことができます。次の問題について考えてみてください。

「ネジ、歯ブラシ、そしてライター」─あなたなら、どうしますか？

　板にマイナスのネジが取り付けられていて、それを取り外したいとしましょう。そうしたいのに、あなたは普通の歯ブラシとライターしかもっていないとします。さて、あなたならどうしますか？

　　　　──『ACT をはじめる』ヘイズ，スミス著，武藤崇ほか訳，星和書店，p.38 より

　ネジを取り外す方法を考えてみましょう。歯ブラシの柄がプラスチックでできていることから、何が思いつきますか。歯ブラシの柄は柔らかいので、熱すれば変形するということは想像できたでしょうか。ライターで歯ブラシの柄の端の部分を熱すれば、道具になるかもしれません。

　まず、歯ブラシの柄をライターで熱して溶かし、それが変形できるやわらかいうちにマイナスネジに押し付けます。

　そして、プラスチックが冷えて硬くなるのを待ちます。マイナスのネジにぴったりの型を取ったその歯ブラシをくるくると回すと、ネジを外すことができます。

　これが問題解決能力で、このようなことができるのも関係フレームとしての言葉の力のライトサイドの現れです。

言葉のダークサイド：自動的拡大とループ

　今度は、言葉のダークサイドについて考えてみましょう。関係フレームによる言葉の広がりは、良い側面だけでなく、私たちを傷つけ苦しめるように働くネガティブな側面、言葉のダークサイドを持っています。

　職場で失敗して上司に怒られたという状況と、学校でいじめの標的にされ突然いじめが始まったという状況を考えてみましょう。仕事での失敗やいじめは、本当にある日突然に襲いかかってきます。そのような状況に置かれた人たちは、傷ついたこころを抱えながら、一人で家の中で悶々と時間を過ごすようになりがちです。

　翌日会社に、あるいは学校に行こうかと考えているとき、もしかしたら誰のことも信じられないと感じているかもしれません。「上司はきっと私のことを無能だと思っているし、同僚もきっと私のことを笑っている」「いつも一緒に遊んでいたのに突然態度が変わったクラスメートは、本当は私のことをどのように思っているんだろう」

　こんな考えが生じると、こころの中には「疑心暗鬼」と呼ばれる状態が生じます。そんな思考が広がっていくと、すべての人が私に対して悪口を言っている、すべての人が私に対して後ろ指を指しているといった「被害妄想」が出てくることもあるでしょう。

　思考は自動的に拡大し、回っていきます。被害的な思考が強くなってくると、あの人はきっとこんなことを考えているにちがいない、この人はきっとこんなことを言っているにちがいないという確信に変わっていき、私はもう生きていてはいけないんだ、存在していることがよくないのだという自分自身を強く否定する、あるいは自分自身を卑しいものと思う「自己否定・自己卑下」の考え方が出てくることも少なくありません。

　こうした状態が続くと、外に出られなくなることもあるでしょう。そして何かほかのこと、例えば食べることや、お酒を飲むこと、ゲームをすること

などの一時的に自分の欲求を満たしてくれるものに走る傾向が強くなります。これが「**体験の回避**」です。

　体験の回避をしていても本質的には何の問題解決にもなりません。再び被害的な考え方や自分を否定するような考え方が現れて、ぐるぐると同じような思考に苦しめられます。そして、それらから逃れるために何かに走るといった**体験の回避の継続**あるいは**ループ**が、言葉のダークサイドによってもたらされてしまいます。

　このような体験の回避の継続から、最悪の事態が生じることもあります。「もう生きていても仕方がない」と強く考えるようになり、死ぬ方法を考え、準備を始めるということも考えられるのです。そんな行動が、言葉のダークサイドによってもたらされる可能性があるということを、私たちは考えておく必要があります。

考える──想像：言葉同士や感情とのつながり

　考えるということが、ネガティブな結果につながることもありうるわけですが、もともと言葉のつながりは、ネガティブなものとして存在しているわけではありません。

　例えば、「東京」という言葉を中心にした言葉のつながりを考えてみましょう。「東京」は「大都会」で、「国会」があり、「首都」であり、「ビル」がたくさんあります。「東京」は、「おしゃれ」で「カラフル」で「刺激的」で、「便利」です。「若者」がたくさんいて「最先端」の物がすぐ手に入り、みんな「自由」に振る舞っています。こんなイメージが「東京」にはあります。

　今述べた単語と「東京」の間には、等位（同じ）の関係性が成立しています。私たちは「東京」という言葉に紐づいている、これらの言葉を「東京」と同じものだと分類し、同じと感じているとしましょう。

　一方で、「東京」と反対に位置するのが「地方」です。「地方」は「自然」

があり、「森林」があり「田舎」で、「安心」や「癒し」を感じます。「地方」と等位の関係にある言葉は、「東京」の等位のグループとは反対の関係にあります。

さて、実際に東京に住んでイメージするのは、先ほど述べたような等位の関係の言葉だけでしょうか?

「東京」には、たくさんの人がいて、「雑踏」「人混み」がありますし、電車に乗ると「窮屈」な思いをします。電車からホームに降りるときや駅の階段の上り下りでは、後ろから押されて「危険」な思いをすることもあります。そのような経験をすると、「不安」や「苦手」を感じる人も出てくるでしょう。

「人が多いな、雑踏っていやだな、窮屈だな、危ないな」と考えている言葉に、「恐怖、焦り、不安」といった感情が刺激機能としてくっつくことになるのです。これを「**刺激機能の変換**」といいます。

「恐怖、焦り、不安」などの感情は「雑踏、窮屈、危険」という言葉とつながっていきますが、これらの言葉は「東京」を中心とした言葉のグループの一部であり、東京と等位の関係にあります。「東京」と同じグループ全体に、等位の関係を通して刺激機能の変換が起こり広がってしまいます。

このような状態が、言葉のダークサイドの力によってもたらされるのです。

パニック発作と体験の回避の拡大

電車の車内や駅に向かうバスの中で、自分に**パニック発作**が起こったとしましょう。パニック発作を起こすと、周りの人たちのことがとても気になります。私のことをどう見ているのだろうとか、誰も手を差し伸べてくれないとか、気持ち悪い人だと思われているのではないかなどと考えます。また、周りの人の視線がとても恐ろしくなったりもします。

パニック発作の最中は、**混雑**や**人の視線**などに恐怖を感じ、とても苦しい

思いをします。過呼吸になり、顔が真っ青になり、胸を押さえしゃがみこんだり、倒れ込んでしまったりする人もいます。

　鼓動が速くなり、呼吸が速くなり、目の前は真っ暗で、頭の中は真っ白です。それでも、周りの人のことが気になって、どう見られているのかと考えつづけます。しかし、どうしようもありません。誰かが手を差し伸べてくれても返事をすることもできません。そのような状況では、こころの中で、もう私はこのまま死ぬのではないか、どうしたらいいのだろうと思いながら、まさにパニックに巻き込まれていきます。

　通勤や通学途上の電車やバスの中でそのようなことが起こると、翌日その電車やバスに乗るのはとても嫌なものになります。何回かパニック発作が起こると、**また起こるのではないか**という不安（これを**予期不安**といいます）が高まっていきます。実際には起こっていなくても、気持ちの中では苦手さや不安を強く感じるようになるのです。すると先ほど述べたように、関係フレームを通して**刺激機能の変換**が起こり、**不安感がさまざまな言葉へと等位の関係を通して広がっている**ということになります。

　予期不安が強くなると、いつも乗っている**電車以外**にも苦手意識が出てきます。中央線はやめて、ちょっと遠いけれど京王線に乗ろうと考えたときに、「京王線もしんどいかもしれない」とか、「急行に乗ったらなかなか扉が開かない、そのあいだにパニック発作が起こったらどうしよう」といったことを考えてしまいます。すると、京王線に乗るのも怖くなり、やがて「**乗り物つながり**」で電車にもバスにもタクシーにも乗れなくなるかもしれません。仲の良い友達から、一緒に北海道や沖縄に行こうと誘われたとします。飛行機だと通勤ラッシュの満員電車のように混んではいませんが、当然、上空では扉は開きませんし、外に出られません。毎日毎日、パニック発作の恐怖と闘っているときに、1時間半飛行機に乗って遠くまで行けると思うでしょうか？

　難しいと感じる人も多いでしょう。このように**乗り物という枠組みの中にある「同じ」という関係（等位の関係）を使って予期不安が広がっていく**

と、乗り物に乗ること自体に恐怖や不安がつきまとうことになってしまいます。

　さらに、**人の集まる場所**が、パニック発作が起こったときの**混雑に似ているように思う**と、人の集まる場所が恐ろしくなるかもしれません。家の中にいることが多くなると、パニック発作が起こる頻度は減りますが、気持ちは抑うつ的で、とてもつらく身動きのとれない状態が続くことになるでしょう。

　これは**言葉のつながりを通して不安感や恐怖心が広がっている状態**なのです。初期の小さな予期不安が大きくなって、頭の中全体を占めてしまっているかもしれません。これは、私たちが意識的に作り出しているのではなく、私たちが持っている言葉の力を通して、感情や感覚が**自動的に拡大**し、自動的に私たちをとらえ、身動きのとれない状況にしているのです。

　関係フレームには、より大きい、より小さいという比較の関係フレームがあったことを思い出してください。以前、通勤途上でパニック発作を経験した駅が、自分の住んでいる最寄り駅、例えば三鷹駅だとしましょう。そこでパニック発作を経験したことで、外出できないような状況にまでなっています。そんなある日、友達から、皆が心配しているから出ておいでよ、週末に新宿か渋谷で会おうと言われました。新宿や渋谷に、皆が時間をとって集まってくれる。さて、行きたいでしょうか？

　行きたい気持ちもありますが、不安や恐怖も生じます。どのくらいの不安や恐怖を感じるでしょうか？　パニック発作を経験した駅よりも、新宿や渋谷はもっと人が多いでしょう。たくさんの人がいる新宿や渋谷の人混みの中で、もしパニック発作が起こったとしたら、いつもの発作と比べてどんな規模のものが起こりそうでしょうか？

　いつもより大きい発作が起こりそうな予感を感じてしまうかもしれません。混雑の度合いと発作の程度が関係しているかどうかわかりませんが、私たちの頭の中では人が多く混雑しているとパニック発作が大きくなるのではないかといった考えが**自動的に始まって**しまうのです。これは比較の関係フ

レームの力です。**嫌な刺激の量や状況がより多く強くなると、パニック発作の程度もより大きくなるという関係**です。このような関係フレームが、私たちの行動に強く影響を及ぼすという実験室での研究結果が存在しています（Dougher et al., 2007）。

言葉のダークサイドと関係フレーム

　言葉のダークサイドと関係フレームについて、少し専門的な記号を用いながらもう一度整理してみましょう。

　行動分析を専門としている人たちは、機能分析を行います。いくつかの記号が用いられますが、A は**先行事象**（Antecedent Event）で、**行動のきっかけ**を示します。B は**行動**（Behavior）です。C は**結果**（Consequence）です。行動にはきっかけがあります。きっかけ A の中には、言語行動であれば聞き手あるいは事象が入ります。聞き手と事象が存在しているなかで、言語行動 B が出て、その結果 C がきっかけと言語行動の関係性を強めたり弱めたりします。

　これに別の C_d（d=derived）や C_{rel}（rel=relation）、C_{func}（func=function）などの**文脈手がかり**（contextual cues）がつながってくると、私たちの言葉の広がりが手がかりによって生じてくることを表しています。

　ある場面で直接的には経験していない言葉の関係性を手がかりに生じる反応、つまり派生的な関係反応のための文脈手がかりが提示されたとします。C_d や C_{rel} は、関係フレームによる派生的な関係反応の手がかりです。C_d は**刺激等価性を通した関係性、つまり等位の関係フレーム**を示していて、C_{rel} は**等位とは別の関係フレーム**に関する手がかりが与えられたということを示しています。例えば、C_d「月曜日と火曜日は平日」と示されると、月曜と火曜は平日として「同じ」ということになります。C_{rel}「明日の予定を言うよ」と言われると、翌日という未来の時間的関係の出来事について示されるということを表しています。これは、時間的関係の**関係性**が提示されたこと

になります。この関係性を示す手がかりが**刺激機能の変換**を示すものであった場合は C_func を使います。例えば、先ほどのパニック発作の例で見た、「自宅の最寄り駅より新宿駅や渋谷駅は大きい」という手がかり C_func が示されると、比較の関係フレームを通して、より大きな不安や恐怖といった**刺激機能の変換**が生じていることを表しています。

　これらを用いた機能分析を、子供が「学校に行けなくなった」という行動で見ていきましょう。

　ある月曜日、学校でいじめられる体験をしました。人は殴られると痛いと感じ、つらい気持ちになります。これはレスポンデント行動です。生まれながらにして私たちの身についている警報装置が、暴力を受けると反射的に反応するわけです。誰かからの暴力的な言葉や行為から、悲しみや恐怖、怒りといった感情が生じます。「なぜ？　誰か助けて！」と考えている自分に対して、周りの人たちは無視したり、なかには笑ったりしている子もいます。とてもつらく、嫌な出来事としてこころに刻まれます。

　学校には行かなくてはいけないと、お父さんとお母さんは言うでしょう。またいじめられるのではないかという不安を抱えながら火曜日に頑張って学校に行ったところ、またいじめられました。そうすると、同じような感情を体験することになります。

　月曜日、火曜日とそんなことが続くと、1つの文脈手がかりが働く可能性が出てきます。「平日、学校に行くと嫌なことが起こる。休みだったらこんな目には遭わないで済むんだ」。このように考えると、平日という言葉を手がかりに**派生的な関係反応**がもたらされます。月曜日、火曜日が嫌なことが起こる日なのであれば、平日である水曜日、木曜日、金曜日も、きっと嫌なことが生じるというように思考が広がるわけです。

　そんな考えが生じると、水曜日に学校に行けるでしょうか？　とても行けないと感じるのも当然でしょう。水曜日は学校を休んでしまいました。自分の中の不安や恐怖を避けるために、自分の将来にプラスになる勉強や体験を選択せず、休むことを選択してしまうのです。**体験の回避**です。休んだの

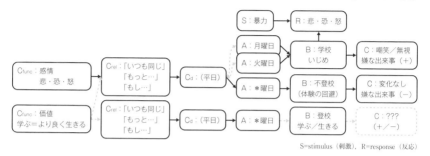

関係フレーム ＝ C_func - C_rel - C_d - A - B - C

(contextual cues/ func=function, rel=relation, d=derived)

S=stimulus（刺激）, R=response（反応）

は、風邪で熱があったわけではなく、不安や恐怖を感じないで済む行動を選んだからなのです。

　休んだことを周りの人はどう思うかと考えます。学校の友達はズル休みだ、サボっていると思うだろう、と考えます。実際に友達がそのように思っているかどうかは関係なく、自分の中でこれはズル休みだ、サボりだと考えはじめると、周りの人もそう思っているにちがいないといった思考へと展開していきます。一方で学校を休んでいるあいだは、嫌な出来事は生じないという、自分にとっては安心な良い結果が返ってきます。家にいれば安心だという経験をするわけです。

　さて、翌日の木曜日です。昨日休んでしまいました。みんな自分のことをズル休みだ、サボったと思っているにちがいない、という思考に囚われています。さらに、もっとひどいいじめに遭うかもしれない、もっとひどいことを仲間に言われるかもしれないという考えが生じます。C_rel です。そうすると、木曜日に学校に行けるでしょうか？

　やはり行けません。「平日つながり」で、もともと行きづらいと感じているところに、比較の関係フレームの手がかりが働きました。そうすると、もっと不安になります。予期不安が強くなっていきます。

　木曜日も休みました。ズル休みだ、サボりだという気持ちが自分の中にあ

ります。そうすると、そんなことをしてしまって悲しい、翌日学校に行くのが恐ろしいという気持ちはさらに強くなってきます。直接的な感情だけではなく、情けなさ、焦りといったものがプラスされてきます。そうしたことがすべて自分に押し寄せてきて、金曜日になるわけです。

　学校に行けるでしょうか?「平日つながり」に比較の関係フレームが加わり、刺激機能の変換も生じています。やはり、行けないままその日を過ごしてしまうということになります。

　そうすると、いわゆる引きこもりの状況が長期にわたって続くことになります。私たちが**体験の回避を継続させてしまうのは、関係フレームを通して、刺激機能の変換が生じ、嫌な感情体験をより強く、広げてしまうから**なのです。

　ACT では、このような状況を打開するために、別の機能を入れようと考えます。**価値**というものを一つの機能として考えるわけです。自分にとって大切な人は誰か、大切なことは何か、どのように生きたいのかについて考え、言葉にしていきます。

　例えば、いろいろなことを学んで、より良く生きることが自分にとって大切だと考えたとしましょう。学校に行ったらいつもと同じようにいじめられる、もっとひどい目に遭うという考えがよぎるかもしれません。しかし、学校に行ったら勉強することができて、より良く生きることができます。

　感情に囚われているあいだは、学校に行けるようにはなりません。ですから、ACT では、どんな感情もそのままにしておき、出てくる思考もそのままにしておいて、明確にした価値に向かって勇気を出して行動に移してみることを推奨しています。価値に向かう行動として登校があります。「より良く生きるために学ぶ。いじめがあろうがなかろうが、学校に行く」。このように自分で決めて、価値ある方向に一歩踏み出すことができるかどうかを試してみます。試した結果はどうなるかわかりません。もしかしたら、ひどい目に遭うかもしれませんが、うまくいけば、成功体験を積めるのです。

こころの問題の原因は？

　こころの問題の原因について、もう一度整理をしておきましょう。

　こころの問題である、嫌な気持ちになる、つらい気持ちになる、悲しい気持ちになるといったことは、誰にでも起こります。大切に思っていた人が亡くなった。お金がなくて困っている。病気になってしまった。ケガをしてしまった。誰かと言い争いになった。いじめられた。大切な人と別れた。勝負事で負けた。ひとりぼっちになっている。このような状況に置かれると、私たちには必ず何らかの感情が生じます。不安や悲しみ、恐怖、寂しさというものを感じたり、誰でもいいから私のことを認めてほしいと考えたりするかもしれません。

　そういった感情や感覚、思考があまりに強いと、私たちは逃げたい、避けたいと思うようになります。このような感情や感覚は、記憶や思考、自己概念といったこころの中の言語行動に伴って生じることもあります。自分の外側で実際に何か出来事が起こっていなくても、記憶や思考（私的出来事）は頭の中で繰り返し繰り返し現れます。そのとき、私たちは「こうしなければならない」「こうすべきだ」と考えながら、不愉快な体験を回避しようという行動パターンにはまり込んでしまうのです。

　こころの中の言語行動によってもたらされるつらい体験は、繰り返し頭の中で生じます。実際に経験する機会がそれほどない場合でも、頭の中での経験は反復されます。不愉快な思考や感情が何度も何度も私たちを襲い、つらい感情的な体験が深められていくのです。

　こころの問題の原因は、一度や数回のつらい実体験だけでなく、私たちが持つ言葉の力がもたらす、何度も何度も繰り返されるこころの体験にあったのです。私たちが持っている強力な言葉の力が、こころの問題の原因となっていたのです。

第6章 こころの問題へのアプローチ：ACT

ACT とは？

　この章ではまず、こころの問題へのアプローチとして、**ACT**（Acceptance and Commitment Therapy：**アクセプタンス＆コミットメント・セラピー**）の概要を説明し、次にさまざまなエクササイズを実践しながら、ACT について体感的に理解を進めていただこうと思います。

　ACT は、こころの問題に対する向きあい方、こころとのつきあい方を身につける臨床行動分析に基づくアプローチです。

　ACT にはいくつかの要素がありますが、大きく３つのパーツに分けることができます。その３つとは、①**そのままにすること**、②**気づくこと**、そして③**選ぶこと**です。

❀ そのままにすること

　こころの問題で苦しんでいるときには、さまざまな不快な感情や感覚、ネガティブな思考が生じます。非常に傲慢で尊大な思考が生じるときもあります。

　不安や恐怖あるいは焦りといった感情を感じていると、感情とともに自分を痛めつける言葉や考えで頭の中がいっぱいになってしまうことがあります。そんな状態になったとき、ACT ではまず闘うのをやめようと提案して

います。私たちは不安や恐怖を感じると、そんなものを感じたくない、どこかに行ってほしい、取り除きたいと考えて闘いを挑んでしまったり、そんな感情をどこかにしまい込み、見ないふりをしたり、その場から逃げだそうとしたりします。

　闘ったり、見ないふりをしたり、逃げだそうとしたりしているあいだは、その感情は決してなくなることはありません。自分の中で大きく、モンスターのように育ちながら、私たちにずっと闘いつづけさせようとしてきます。それは思考も同じです。思考は私たちを痛めつけつづけることができます。なぜなら、私たち自身がその思考を持っているからです。私たちは自分の弱みを全部知っていて、言葉の剣で自分を突き刺していきます。ですから、感情や思考に闘いを挑んだり、それから逃げようとしたりする行為はあまり効果的ではありません。

　そこで、ACTではそれらに抵抗せず、向きあうことを推奨しているのです。闘うのをやめ、感情や思考をそのままにしておきます。それらを観察し、受け容れることを「**アクセプタンス**」といいます。さらに、自分から進んでそれらの居場所をつくっていくような積極的な行為を「**ウィリングネス**」といいます。

　思考は一度始まると、なかなか途中では止まってくれません。ネガティブな思考は、何回も繰り返されてイントラバーバル化し（イントラバーバルは、きっかけとなるある言葉に、別の言葉が決まり文句のように連なっているような特徴を持つ言語行動でしたね。例えば、誰かに「風の谷の」と言われると「ナウシカ」と答えるでしょう）、一続きの言葉の連鎖となるからです。朝テレビで見て印象に残ったコマーシャルの音楽が、ひとたび頭の中で流れはじめるとなかなか止まらないのと似ています。ネガティブな思考もいったん始まると、なかなか途中では止まりませんし、中身を変えることも難しいのです。

　ACTでは、思考の内容にかかわらず、始まった思考は自由に行き来させておきます。始まることも自由ですし、しばらく続いていても取りあわず、そのままにしておきます。そうすれば、いつの間にかどこかへ行くかもしれ

ませんが、どこかへ追いやるために行うのではありません。思考に囚われる
のではなくて、少し距離を置いて眺めているだけの状態になるよう練習しま
す。これを「脱フュージョン」といいます。

　フュージョンというのは、頭の中が思考や感情でいっぱいになっていて、
それらに囚われている状態です。そこから少し距離を置いて、「あ、私は今
こんなことを考えているんだ」「こんなふうに感じているんだ」「なるほど、
警報が鳴っているんだ」「こんな刺激に対して、こんな考え方が今自分の中
で生じているんだ」というように、自分自身を眺めます。

　距離を置いて眺める練習には、思考の一つひとつを川面に浮かんでいる葉
っぱに乗せるようにイメージし、葉っぱが川の流れに沿って流れていくのを
見るという方法があります（Hayes & Smith, 2005）。また、頭の中の思考
を、空の上に浮かんでいる雲に乗せて、ふわふわ漂いながら風に吹かれて飛
んでいく様子をイメージし、それを眺めるといった方法もあります（Harris,
2009）。このように ACT ではイメージすることを練習に取り入れながら、
アクセプタンスや脱フュージョンという振る舞い方を身につけていきます。

❀ 気づくこと

　自分のこころの中のさまざまな体験から距離を置き、そのままにしてお
く。また、自分を戒めようと少し行きすぎた言い方をする思考や警報を鳴ら
してくれる感情をそのまま受け容れ、「ありがとう」と言い居場所をつくる。
こんなふうに、こころを静かに観察して、アクセプタンスや脱フュージョン
の練習をする方法の一つが「マインドフルネス・エクササイズ」です。

　マインドフルネス・エクササイズは、こころに浮かんでくるさまざまな欲
求や考えをじっと眺め、悟りを開いていこうとする禅の思想から始まりまし
た。

　ACT で行うマインドフルネス・エクササイズは、アクセプタンスや脱フ
ュージョンといった振る舞い方を身につけるための練習であると同時に、自

**アクセプタンス
脱フュージョン**

**価値の明確化
行動活性化**

**体験の回避や
フュージョンを減らす**

体験の回避＝思考や感情を抑制しよう
　　とする行動
フュージョン＝思考や感情に囚われ、
　　現実から離れる行動

**価値を明確にし、
価値に向かう行動を増やす**

価値：社会的な行動への動機づけ
　　を高める言葉
行動活性化：勇気を持って実際に
　　行動に移すこと

気づくこと

**マインドフルネス・エクササイズ
観察する自己＝文脈としての自己**

観察する自己の視点から自分の内・外の何かに気づく

マインドフル＝今・ここにいることを確認し、自分自身に気づくこと
観察する自己＝自分自身に気づくための平穏で静かな視点

分自身のこころの動きに気づけるよう平穏で静かな視点を持つための練習で
もあります。そのような視点は「**観察する自己**」や「**文脈としての自己**」と
呼ばれます。その視点からこころの動きを観察し、自分の感情や感覚、思考
に気づき、それに囚われるのではなく、少し距離を置いて自分と向きあい、
つきあっていきます。

　観察する自己の視点は、すべてのこころの動きにオープンになって、マイ
ンドフルな状態を持ちながら、自分の感情や思考に気づくことが大切です。
ただ気づくだけです。何か感情が生じたり、何かの感覚を感じたりしたら、
ただそれに気づきます。そして、何かに気づいたら、それに囚われず、その
ままにしておき、距離を置くことを練習していきます。

　囚われないようにするために、気づいたら、いったん立ち止まるという方
法も役に立ちます。「これ何だろう」と感情に手を伸ばしたり、それを手に
取ったりすると、感情の竜巻に巻き込まれるかもしれません。また、思考に
囚われ、頭の中を思考でいっぱいにすると、思考のジャングルで道に迷って
しまうかもしれません。

　気づいたら、そこで立ち止まり、ただ眺め観察します。今の状況が望まし

いものなのかどうか。自分の人生にとって役に立つのかどうか。ほかにやり方はないのか。今のやり方が、生産的ではなく、効率的でも合理的でもないと感じるようであれば、別のやり方を準備することに力を注ぎます。

選ぶこと

別のやり方というのは、自分の人生にとって、大切な人や大切なことは何か、どんなふうに生きていきたいのかを明確にすることから始まります。ACTでは、これを「**価値の明確化**」といいます。価値を明確な言葉にすることで、自分の人生のさまざまな場面で、自分にとって本当に望ましい振る舞い方ができるように準備するのです。「大切な人はこの人で、この人に対していつも愛情と笑顔を持って接したい」「誰に対しても笑顔を絶やさず、幸せを感じてもらえるよう優しく接したい」といったように、このような振る舞い方をいつもしたいという価値を準備したら、今度は、行動に移れるように計画し、勇気をもって一歩ずつ行動していきます。これを「**行動活性化**」といいます。

自分のこころの中で、不快な感情や感覚、ネガティブな思考が生じたときには、**観察する自己**の視点から見て、気づき、立ち止まります。いたずらにそれらに巻き込まれたり、道に迷ったりしないように、それらを受け容れ(**アクセプタンス**)、**脱フュージョン**を試みます。もし、それがうまくできたら心静かに、それらを感じないで済むように体験の回避に走るのか、自分が準備した**価値**に向かって行動するのかを選びます。

ACTはとてもシンプルです。こころの中の体験に対して距離をとり、そのままにしておきながら、**気づき**に基づく選択の機会を自分に与えます。選択の機会は基本的に2つの道に分かれています。**体験の回避－囚われの道**と、**価値に向かう行動の道**です。この2つのどちらかを選びます。選択の機会は毎日の生活の中で頻繁に訪れます。私たちは、選ぶことを練習しておかないと、だいたいは体験の回避－囚われの道の方向に進んでしまいがちで

す。

　気づいたり、選んだりするのは、そう簡単ではありません。毎日、毎日の
エクササイズの中で価値や価値に向かう行動について考え、自分自身の進み
たい方向、なれたらいいなと思えるあり方を明確にし、一歩一歩積み重ねて
いくことが重要になります。

　ACTでは、こうしたこころとのつきあい方を、さまざまな体験を通して
学んでいきます。

ACTにおける、人の「普通の状態」とは？

　ACTは、人の普通（ノーマル）の状態について少し特殊な捉え方をして
います。

　人の普通の状態とはどんな状態でしょうか？　一般的には人の普通の状態
は、健康で幸福に満たされている状態であると思われているかもしれませ
ん。ACTでは人の普通の状態を、**苦悩や苦痛を抱えている状態**であると捉
えています。

　私たちは誰でも、失敗をしたり、ケガをしたり、あるいは死に直面したり
することがあります。すべての人間がこのようなことを経験するわけです。
例えば、オリンピック選手もはじめからその運動が得意で世界でトップクラ
スだったわけではありません。最初のころはうまく走れませんし、うまく泳
げませんし、うまく演技をすることもできなかったはずです。数々の失敗を
経験しながら、少しずつ技術を磨き、すごいスピードで走ったり、素晴らし
い演技をしたりすることができるようになっていったのです。

　頭のいい人はたくさんいますが、彼らも初めから何でもできたわけではあ
りません。数々のテストでミスをし、失敗をしながら、その中から学び取っ
ていったのです。

❀ 幸せそうに見える人にはこころの問題は生じない？

たくさんお金を稼いでいる企業の経営者も、最初から事業がうまくいった
わけではありません。事業が軌道に乗るまでは赤字だったり、失敗をして損
失を被ったりしながらも、それらのつらい出来事を乗り越えて、今があるの
です。

誰もが、ネガティブな体験をします。しかし、つらい出来事に出合ったか
ら不幸になるわけではないということは、オリンピック選手や賢い人、ある
いは企業経営者を考えてみるとわかります。

私たちがこころの問題を抱え、とても苦しい人生を送ってしまうのは、つ
らい出来事に出合ったせいではなく、別のところにあります。それは、私た
ちがこころの中で誰かと比較したり、自分を低く評価したり、批判したり、
過去のことを悔やんだり、未来のことに不安になったりという、さまざまな
思考をめぐらせているからなのです。つらい出来事よりも、**言葉の力によっ
てさいなまれる**ことのほうが多いのです。私たち人間は、誰もが**言葉の力を
持っているがゆえに、苦悩や苦痛を抱えている状態**になっているのです。

私たち人間は、言葉の力を持っているがゆえに、苦悩や苦痛を抱えている
状態になり、言葉の力を使って何度もそれを思い出し追体験を繰り返すこと
で、苦悩や苦痛にはまり込むのです。

❀ お金があれば幸せになれる？

お金があれば、そんな悩み事は解決できると考える人もいるかもしれませ
ん。確かに、お金があればいろいろなことが解決できます。自分がうまくで
きないことでも、人を雇って誰かにやってもらえばいいわけです。

仮に今3億円の宝くじが当たって大金が手に入った、あるいはどこかにい
た遠い親戚から3億円の遺産が手に入ったという幸運が起こったと想像して
みましょう。

大金を目の前にすると、確かに良い気分でしょう。しかし、そのとたんに逆に不安になることはないでしょうか？

誰かにお金を盗まれたらどうしよう、誰かがお金を狙って自分の後をつけているのではないか、と思うかもしれません。どこかの銀行に預けたほうがいいのか、株に投資したほうがいいのかと考えます。どの銀行に預けたら安心でしょうか？　何の株を買ったらよいのでしょうか？　株が暴落したらどうなるのでしょうか？　悩み事は増えるばかりです。それでは、タンス預金にしましょうか？　でも、火事になったら全部燃えてしまいます。

こんな心配事が重なると、とても幸せな気分ではいられなくなります。

心配事は、思考の形で現れます。心配事という思考が生じると、私たちの中で、不安がどんどん大きくなって、思考や感情に囚われてしまいがちになります。私たちはせっかくやってきた幸運を、むしろ不幸の原因として取り扱うようになってしまい、健康を損ねる要因として感じるようになってしまうかもしれません。お金のあるなしは、必ずしも私たちの健康や幸福を保証するものではないのです。

❀ 動物は幸せ？

一方、**動物は基本的に言葉の力を持っていません**。動物たちは、いつも**健全に今をひたむきに生きている**のです。動物は言葉の力を持たないので、深く悩んだり、過去を思い出して悔やんだり、未来に対して不安を覚えたりすることがありません。そんな動物たちから、その幸せのお裾分けをしてほしくて、私たちは小動物を身近に置いておきたくなるのかもしれません。小動物がそばにいると、それだけで幸せな気分になります。幸せのお裾分けをたっぷりもらっているのです。

我が家のウサギのマロは家族同然です。ケージに入れることもないので、家の中を自由に駆けめぐっています。休日の朝、疲れきって寝ていると、マロが私の周りを走りながら、「朝だよ、起きないの？　もう朝だよ、元気いっ

ぱいだよ」というような振る舞い方をします。言葉にすることは決してありませんが、もう活動したくてしかたがない様子は伝わってきますし、疲れている私を励ましてくれていると感じます。そして、そのエネルギーをもらって動き出すことができるわけです。動物たちの力というのは、そういうところにあるのかもしれません。

❀ 不健全な状態でより良く生きる

人間はそもそも苦悩や苦痛といった不健全な状態を抱えながら、それらとうまくつきあい、より良く生きることを志向していかねばならない存在なのかもしれません。

こころの問題はすべての人の中で生じます。私自身も、ここ数年の間に、身体の調子が悪くなったり、仕事がうまくいかなかったり、人間関係で行き詰まったり、子供が病気になったりして、とても不安な状態に遭遇し、恐怖を感じたことがあります。そのときに出てくる思考は、やはり比較や評価、自己批判、過去の後悔、未来に対する不安であり、とても苦しい気持ちです。そのような感情や思考に囚われて抑うつ状態になったこともあります。言葉は感情や感覚と結びつき、大きくなり、私を捕らえてしまいました。言葉のダークサイドの力が発揮されていたのです。

そんな時、こころの中で何が生じてもそれをそのままにしておき、ダークサイドがこころの中に存在していることを確認しながら、それとどうやってつきあっていくのかを考えました。より良く生きるために、ダークサイドをうまく手なずけて、「いいよ。こんな気持ちがこんな苦しみが、自分の中にあるのは知っているよ」と自分に伝え、「ダークサイドがあってこその自分なんだ、それも自分の一つとして慈しんでみよう」と努力し、より良く生きることを志向しました。最近では、私自身もっとうまく、そういったことができるようになりたいと思い至るようになりました。

活き活きとした生活を邪魔するもの

❀ 自分をコントロールするのは当たり前

　私たちは、いつも幸せでいたい、活き活きと活動していたい、活き活きと仕事をしていたいと思っています。しかし、私たちのこころの中には、活き活きとした生活を邪魔するものがあります。

　私たちは自分たちが置かれている環境をより良くしたい、居心地の良い場所にしたいと考え、物理的な環境に手を加え、変えていきます。例えば、寒い一日を過ごすのは嫌なので、しっかりと囲われた部屋に入ります。部屋が暗いなと思ったら、電気を点ければ明るくできます。部屋が寒いなと思ったら、エアコンのスイッチを入れるだけで、空気を温めて居心地の良い場所をつくることができます。暖房がなければ、上着を着ることもできます。お腹が空いたら、コンビニで何か食べ物を手に入れることもできます。私たちは、私たちの外側のさまざまな環境をうまくコントロールすることができますし、それは概ね機能しています。

　また、私たちは自分自身をコントロールするということを幼少時からずっと推奨されて生きてきました。「おしっこしたくなったら、ちゃんとトイレに行ってするんですよ」と教えられました。学生や社会人になると、もっと自分自身の感情を上手にコントロールしなさいと言われるようになります。「簡単に泣くんじゃありません」「悔しいと思っても表情に出してはいけません」などと言われてきました。このように教えられつづけるうちに、私たちは自分自身の感情や思考といった私的出来事をコントロールすべきだと自然に考えるようになります。さらに、文化的な圧力も加わります。「男は簡単にくじけてはいけない」「女はいつも優しくなければいけない」などのような性的な役割を求められることも少なくありません。こんな考え方はもう古いものかもしれませんが、そのような文化が私たちの周囲にあり、私たちは

それらを当たり前のこととして受け容れながら生きてきました。そうすると、自分の私的出来事はいつもコントロールしなければならないと考えるようになるでしょう。

自分をコントロールする？

それでは、私たちは本当に自分自身の私的出来事をコントロールすることができるのでしょうか？

いくつかの課題に挑戦し、検証してみましょう。

 考えないでいることに挑戦してみよう
ピンクのゾウ

ピンク色のゾウがいるとします。あまり見かけない色の動物ですが、このピンクのゾウについて考えないでいるということに挑戦してみてください。

鼻が長くて大きなピンクのゾウについて考えないでください。

このゾウの耳の内側はどんな色をしているのか。

この耳がパタパタとはためくと、どのようなことが起こるのか。

何も考えないでください。

さて、あなたはピンクのゾウについて何も考えないでいられましたか？

どうでしたか。ピンクのゾウと聞いた途端、その姿が頭に浮かんできませんでしたか？ もしかしたら、ディズニーの映画のワンシーンのように、ピンク色のゾウが見事に空を飛んでいる様子などが思い浮かんでしまった方もいたかもしれません。

私たちはこのように何かのきっかけを与えられると、それについて考えな

112

いでいるということがうまくできません。与えられたきっかけから始まる思考は自動的なものです。その**自動的な思考**はなかなか止めることができず、始まるとずっと続いてしまいます。私たちは、考えないでいようと思っても、うまくコントロールできないのです。

それではもう一つ、**感情を感じないでいる**ことに挑戦してみましょう。

🧠 不安を感じないでいることに挑戦してみよう
電気イス

あなたは今イスに座っているとします。そこにはある装置がついていて、あなたのこころに直結しています。あなたが不安を感じると、その装置が即座に検知し、あなたのイスに直ちに数千ボルトの電気が流れます。数千ボルトですから、かなりの程度のやけどを負うか、もしくは死に至るレベルです。そのような状況のなか、あなたが生き残るために行えることは1つだけです。それは、不安を感じないでいるということだけです。あなたのこころの中に少しでも不安が生じると、途端に電流が流れます。

何秒くらい不安を感じずに過ごせそうですか？

あなたは生き残ることができそうですか？

どうでしたか。「電流が流れてくるかもしれない」と考えた瞬間に、私たちのこころはすでに不安にさいなまれはじめています。本当にそんなイスに座っていたら、数秒ももたずにあなたは焼け死んでしまうかもしれません。そのような状況に置かれたら、少しも不安を感じずにいるということはできないでしょう。私たちは自分の感情をコントロールすることも難しいのです。

それでは、次のエクササイズにも挑戦してみましょう。

自分の記憶を消してみよう
３番目に嫌だったこと

　あなたが今までの人生の中で３番目に嫌だったこと、あるいは、３番目に嫌な人のことを思い出してください。

　どんな出来事だったか、あるいは誰か、思い出せましたか？

　その出来事や人を思い出せたら、今度は頭の中に消しゴムを用意し、その記憶を消してみましょう。30秒ほど時間をかけてかまいません。その記憶を消してみてください。

　うまく消すことができましたか？

　どうでしたか。記憶はむしろ鮮明になったのではないでしょうか。

　記憶を消そうとすると、その記憶に触れにいってしまいます。記憶に触れれば触れるほど、その出来事やその人のことを、もっとはっきりと鮮明に思い出してしまいます。私たちは、私たちの記憶を簡単にコントロールすることができず、記憶はそれに近づくとより鮮明になる性質を持っています。私たちは記憶を、自在にコントロールすることはできないのです。

　考えないでいること、感じないでいること、記憶を消すことに挑戦してきました。そして、それらはうまくコントロールできないことを体験しました。それでは、からだはどうでしょうか。自分のからだの状態くらいは変えられるのではないでしょうか。では、挑戦してみましょう。

自分のからだの状態を変えてみよう
足をしびれさせる

　イスに座り、そのまま自分の足の状態に注意を向けてください。

　今その足の感覚がどんな感じか感じてください。

　次に、その足を10秒以内にしびれさせてみてください。

正座しつづけたときに感じるような、あのビリビリした感覚をそのままの姿勢で再現してください。太ももの奥にある動脈を指でぎゅっと押したりすることなく、何もせずに、足をしびれさせてみましょう。

うまく足をしびれさせることができましたか？

どうでしたか。やはり難しかったのではないでしょうか。そんな短時間で自分のからだの状態を一気に変えるということは困難です。

私たちは、自分の私的出来事である思考や感情、記憶、身体感覚といったものをコントロールしようとしてもうまくできないのです。自分の皮膚の内側の出来事（私的出来事）は、外側の環境と違って簡単に止めたり、消したり、変えたりできないのです。私たちがそのような能力を身につけるのはとても大変なことだということが理解できたのではないでしょうか。

私たちは、自分自身をコントロールするよう子供の頃から教えられ、私たちの文化はコントロールすることを当たり前のように求めてきました。しかし私たちは、私的出来事についてはうまくコントロールできないという特徴を持っているのです。

一方で、私たちは自分自身で考えて、その考えに沿って実行している、よく考えればどんな問題でも解決できるだろうと思い、自分の思考を信じがちです。自分の考えは正しく、うまくいくことのほうが多いと思ってしまいがちなのです。

それでは、次にその思考のコントロール力を試してみましょう。

 考えたことと違う行動をしてみよう
腕が上がらないと考える

右手を机の上に置いてください。

次に、「右腕が上がらない」と考えてください。「右腕が上がらない、右腕が上がらない」と声に出してもいいし、こころの中で唱えるだけで

もかまいません。

そして、「右腕が上がらない」と考えながら、右手を上の方へ動かしていきましょう。「右腕が上がらない」と考えながら右手を動かしていくと、どうなりましたか？

どうでしたか。ちゃんと「右腕が上がらない」と考えていましたか。ちゃんと考えていましたね。しかし、右腕はしっかり上がります。右腕が上がらないと考えながら右腕を上げることは簡単です。私たちの思考はただの言葉であり、言語行動という行動の一つにすぎません。私たちが嘘をつけるのと同じように、言葉を出しながら別の動作をするのも難しいことではありません。言葉に出したことと同じ動作をすることはもっと簡単ですが、言葉と違った行動をとることもできるのです。私たちの言葉は、私たちの行動をそれほど強くコントロールしているわけではないのです。

それでは、今度は、私たちが自分で考えたことをすべて実行してきたかどうかについて思い出してみましょう。

考えどおりに行動してきたか思い出してみよう
嫌だったときの思考と行動を思い出す

先ほど、あなたが今までの人生の中で3番目に嫌だったこと、あるいは嫌な人をを思い出していただきました。

同様に、3番目に嫌な人に、嫌なことをされた出来事を思い出してください。

そのとき、どんな思考が生じ、どんな行動をしましたか？

「こいつ、なんてことをしてくれたんだ」と拳を握り締めて、手を出したくなりましたか。殴ってやりたいという思考が生じたときに、あなたはどうしましたか？　そのとき、あなたは本当に手を出しましたか？

思考したとおりに、それを実行したかどうか考えてみてください。

どうでしたか。ほとんどの人は実行していないのではないでしょうか。

　私は、少々イライラしがちなところがあって、クルマの運転をしていると
きに、横からクルマが入ってくると少し腹が立ちます。「こら、ぶつけてや
ろうか」なんていう言葉を車内で吐くことも、たまにあります。しかし、実
際にクルマをぶつけたり、降りていって人に危害を加えるようなことをした
ことはありません。

　このように、私たちは考えたことすべてを実行するわけではありません。

　どんなことを考えても自由ですし、どんな考えを持っても他の人にはわか
りません。考えることと、それを実行することとは別のことなのです。私た
ちが、これまで考えたことをすべて実行してきたわけではないとすると、や
はり思考は、私たちの行動をそれほど強くコントロールする力を持っている
わけではないということになります。

　私たちは、外側の世界をコントロールするということがとてもうまくでき
るので、私たちの内側のこころのパーツである思考や感情、記憶、身体感覚
といったもの（私的出来事）をコントロールできると思いがちですが、それ
は誤りです。私たちは、私的出来事をコントロールすることはうまくでき
ず、それはむしろ困難なことなのです。

「邪魔するもの」への対処——「今、ここ」にいる

　今度は、ACT の中でよく使われる**マインドフルネス**のエクササイズに挑
戦してみましょう。

　こころの中で価値に向かって行動しようとすると、それを邪魔する思考や
感情が出てきます。そして、その感情や思考に囚われてしまうと、未来のこ
とに不安になったり、過去のことを思い出してクヨクヨしたり、やはり自分
には何もできないと自分で勝手に決めつけたりしてしまいます。

　そんなときに、マインドフルネスのエクササイズによる、**今この瞬間、今
ここに立ち戻り、今体験していることに気づく**という練習が役に立ちます。

このエクササイズでは、**自分の皮膚の内側や外側の世界に意識を向けて、どんなことが起こっているのかに気づいていきます。**そして、「気づく」と「考える」ということが、別々の振る舞い方なのだということに気づけるよう練習していきます。

繰り返し練習するエクササイズ
呼吸のマインドフルネス

所要時間：7分ほど

　背もたれのあるイスに座り、足を床にしっかりとつけましょう。手のひらは上か下に向け、ひざの上に置きましょう。腰を少し背もたれに付け、肩の力を抜き、姿勢を良くして、背筋をまっすぐに伸ばしましょう。軽くあごを引いて、頭はやさしく、上に伸びていくようにイメージしましょう。目は閉じるか、どこか一点を見つめるようにしましょう。

　まず、呼吸に注意を向けましょう。深く呼吸しようとしたり、ゆっくりと呼吸したりする必要はありません。いつもと同じような自然なリズムの呼吸を観察しましょう。ありのままの呼吸に気づきましょう。肺が空気で満たされていくのを感じてください。からだから空気が出ていくことを感じてください。

　どんな感情や感覚、衝動がわき上がってきても、それが快いものでも、不快なものでも、穏やかにそれを受け容れます。

　その存在に気づいたら、気づいたことを確認し、そのままにしておきましょう。

　その感情や感覚を抑えようとしたり、逃れようとしたりしないで、そのままにしておきましょう。感情や感覚は自由に漂わせておき、自分の呼吸に集中しましょう。

　呼吸することで、胸がゆっくりと上がったり下がったりしていることを感じてください。呼吸に合わせてお腹が穏やかに膨らんだりへこんだりしていることを感じてください。呼吸に意識を向け、生まれた瞬間か

らずっと続く自然な呼吸に集中してください。

　鼻から出入りする空気や胸の動き、お腹の動き、どれでもいいので一つ選んでそこに意識を集中させてください。今選んだところをずっと意識していてください。そして、空気が入ったり出たりする動きを観察してください。何か思考やイメージ、記憶がわき上がってきたことに気づいたら、その存在を観察し、眺め、そのままにしておきます。

　思考やイメージ、記憶は自由に出入りしたり、漂わせたりしておき、あなたは呼吸に集中してください。

　ときどき浮かんできた思考やイメージに気を取られてしまうかもしれません。そうなったら、まずはどんな思考が自分の気を逸らしたのかを確かめ、それからもう一度意識を呼吸に向けてください。

　もしイライラしてきたり、退屈になったり、不安になったり、我慢できなくなったりしてきたら、ただそのことを認識し、そのまま呼吸に集中してください。

　何度注意が逸れてしまっても、穏やかにそれを受け容れて、何が気を逸らしたのかを確認し、もう一度呼吸に集中してください。

　それでは、あなたの注意を今この瞬間へと戻していきます。今、周りに聞こえている音を取り込みながら、周りの様子にも注意を向けてみましょう。

　今この瞬間に注意を移し、今日一日の残された時間に広げるようにしながら、ゆっくりと目を開けてください。

どうでしたか。うまくできたでしょうか。

　マインドフルネス・エクササイズの中でも、これは非常にポピュラーなものです。自分の呼吸に意識を集中しながら、さまざまなインストラクションに従い、また呼吸に意識を向けつづけるということを行うエクササイズです。普段通りの自然な呼吸に意識を向け、**今この瞬間、ここで行っていることに注意を向けつづける**ことが求められました。このように、当たり前のこ

とに注意を向けていると、退屈に感じることもあるでしょう。退屈を感じる
と、私たちは何か思考を始めてしまいがちです。その思考にもし何か感情が
紐づいていると、思考と一緒に感情が生じるかもしれません。そんな思考や
感情に囚われず、そのままにしておくよう指示されました。このエクササイ
ズは思考や感情が生じやすい状況で、うまく呼吸に集中しつづけられるかど
うか、また思考や感情が生じたときにそのままにしておくことができるかど
うかを試み、練習するものです。練習の場として**呼吸への集中**を使っている
のです。練習ですから、うまくできないことがあってもかまいません。うま
く呼吸に集中できず、何がしかの思考や感情に囚われがちな自分に気づいた
ら、そう気づいた瞬間に、「**あ、今、この感情が私の中に生じているんだな**」
「**こういう思考が始まったんだな**」と認めていくための練習なのです。

　うまく気づけたこともあれば、思考に囚われてしまったこともあっただろ
うと思います。思考に気づくことと思考に囚われることの違いに気づければ
ば、初めてのマインドフルネス・エクササイズとしては成功です。

　よりうまく気づけるようになるには、練習が必要です。よりうまく気づい
て、気づいた思考や感情に名前をつけ、あるいはそれに対処できるようにな
るには、さらに練習の積み重ねが必要です。気づいた思考や感情に、「ここ
に置いておくよ、ここにいていいから、呼吸に集中するのに邪魔をしないで
ね」と声をかけながら、マインドフルネス・エクササイズに戻れるようにな
ったり、それが今重要なことなのかどうなのかを見極められるようになった
ら、新たな気づきへと自分を誘うことができるようになるでしょう。

　マインドフルネス・エクササイズをしているあいだに、少し眠くなった
り、お腹が空いてきたり、肩の痛みを感じたりしたら、それは私たちのから
だが今まさにそれらを求めていることに気づけた瞬間だと思ってください。
私たちが何かに囚われてしまっているとき、私たちは自分自身の本当の欲求
やからだの状態にあまり敏感ではありません。マインドフルネス・エクササ
イズをすることで、からだの感覚のスイッチをすべてオンにして、**敏感さを
取り戻す**ことができるようになります。私たちのからだからの自然なメッセ

ージとして空腹感、眠気、疲労などを感じたら、後で時間を取って、それらの**欲求や感覚、感情に素直に従ってみるのもよいでしょう。**

観察する自己＝文脈としての自己

　次に、「**観察する自己**」＝「**文脈としての自己**」について考えてみましょう。「**観察する自己**」という言葉は、「**文脈としての自己**」「**視点としての自己**」「**意識する自己**」「**無言の自己**」と言い換えることができますし、認知心理学では「**メタ認知**」という言い方をすることもあります。

　私たちは通常、自分自身をいつも観察している私という存在や視点を意識することはあまりありませんが、そのような視点は私たち全員に生まれながらに備わっています。

　あなたが赤ちゃんだったころのことを想像してみてください。お腹が空いた赤ちゃんのあなたは何をしたでしょうか？　おそらく、泣き声をあげました。そうすると、お母さんがやってきて、母乳や粉ミルクをくれたでしょう。赤ちゃんのあなたは、からだの中の空腹という感覚に気づき、行動を起こしていたわけです。ちゃんと自分の皮膚の内側の出来事（私的出来事）を観察していたのです。

　赤ちゃんのあなたは、今度は眠くなってきました。眠くなったあなたはどんなことをしたでしょうか？　ぐずったり、もぞもぞ動きだして不愉快そうな振る舞い方をしたりしたかもしれません。そうすると、誰かが抱っこしてくれたり、毛布をかけてくれたりしたでしょう。このときにも、赤ちゃんのあなたは疲れや眠さといった感覚に気づき、行動を起こしていたわけです。

　眠りから覚めると、周りに誰もいない、ひとりぼっちだと気づくこともあったかもしれません。そのとき、赤ちゃんのあなたはどうしたでしょうか？きっと大声で泣いたことでしょう。赤ちゃんのあなたは、ちゃんと周りのことを観察して、誰もいないことを認識し、泣き声をあげたのです。

　私たちは赤ちゃんのころから、自分の皮膚の内側の世界や外側の世界を観

察し、気づくことができていました。おそらく今も、そんな自分、つまり観察する自己は私たちの中にあってずっと観察しつづけているでしょう。私たちは言葉を学ぶ前から、それらをいつも観察しつづけ、そしてそれに対して行動してきました。

　それでは、そんなふうにいつも観察しつづける自分自身、観察する自己の存在を、私たちはどのくらい日々の生活の中で意識しているでしょうか？観察する自己が活躍していると感じる時間はどのくらいあるでしょうか？

　観察する自己の存在を意識しようとしないかぎり、それを感じることはあまりないのではないでしょうか。ごはんを食べているときでさえ、何かほかのことを考えて、どんな味かを観察することもなく、ただ食べ物を口に入れていくようなことをしているときもあるでしょう。自分のからだの調子や状況、自分の感覚に頓着することなく、何かを考えつづけたりイライラしつづけたりするような習慣が身についていませんか。

　そんな時間は、もしかしたらもったいない時間なのかもしれません。いつもマインドフルでいることを意識して、しっかりと今この瞬間に起こっていることに注意を向け、「観察する自己」で自分の皮膚の内側の世界や外側の世界を観察しつづけ、自分の人生がいかに豊かなものかを知ることのほうが、テレビやニュースから情報を得るよりも、ずっと有意義な行動なのかもしれません。

　「観察する自己」の体感的な理解を深められるよう、ACTでは**メタファー**を使ったいくつかのエクササイズをよく用います。

　例えば、「**空と天気のメタファー**」というエクササイズがあります（Harris, 2009）。「『観察する自己』は空のようなものです。そして、**思考や感情は天気のようなものです**」*という比喩表現で始まるこのエクササイズでは、「観察する自己」の視点をイメージしやすくするために、その視点を遠く高く、空の上まで上げていくよう促します。そして、空の上から下界を

---

*邦訳書：『よくわかるACT』ラス・ハリス著，武藤崇監訳，星和書店，2012，p.295より。

見下ろします。すると、いろいろな天気の変化を静かに眺めることができます。雲があなたの視点の下を流れていきます。その**視点の下を流れていく雲は感情であったり、思考であったりする**わけです。それは、台風の目を伴った大きな黒い積乱雲のようなものかもしれません。その瞬間地上にいれば、それに巻き込まれ、悲しみ、苦しみ、あるいはつらさに叩きのめされるような経験をするかもしれませんが、雲よりずっと高い青空のところにいれば、私たちはそれを上の方から静かに、穏やかな状態で眺めることができるでしょう。思考や感情、感覚にさいなまれることなく、安心・安全な場所からそれらを観察することができるのです。

　ACT ではこのような比喩表現を用いて、イメージをふくらませるエクササイズがよく用いられます。

　ほかにも、私がよく使うエクササイズでは、自分たちが思考に囚われて闘っている状況を、将棋を指したりバレーボールをしたりする様子でイメージするエクササイズがあります[*]。不安のチームが攻撃をしかけると、それに抗い闘うチームがいて、ゲームを展開するわけです。これらのメタファーでは、「観察する自己」は**将棋盤**や、バレーボールの**コート**のような存在です。盤上やコート上でどのような闘いが展開されていても、将棋盤やコートは何ら傷つくことなく、それらをじっと眺め、支えつづけています。

　将棋盤やコートは、「文脈としての自己」として、さまざまな事柄が行われている自分自身の地盤であり、**自分自身が何を考え、何を感じているかに気づき、意識を向けることができる「心理的空間」**です。そこに自分自身がいるときには、自分の体験に囚われることなく、それ自体を観察することができる状態になっています。

　「観察する自己」や「文脈としての自己」と呼ばれる部分について、なんとなくイメージすることができたでしょうか？

---

*ヘイズらによる「チェスボードのメタファー」（Hayes et al., 2012）のチェスボードを将棋盤に置き換えたもの。また、アイファートらによる「バレーボールのメタファー」（Eifert & Forsyth, 2009）がある。

私たちがもし自分にとっての「価値」というものを明確にすることができれば、その「こころのスペース＝心理的空間」で価値に向かった行動をとったり、価値に向かった行動を計画したりすることができます。今後、価値を考えていくときには、これらのエクササイズで確認した心理的空間で、価値に向かって具体的な行動に取り組む様子をイメージしながら進めていくとよいでしょう。

価値に向かう行動を邪魔するもの（その1）

　「価値」に向かう行動に取り組もうとすると、時々こころの中でそれを邪魔するものが現れます。それは不快な感情や感覚です。不安感、恐怖心、嫌悪感、怒り、罪悪感、動揺などの感情、あるいは腹痛、頭痛、かゆみなどの感覚が、私たちが価値に向かおうとしたとき、こころの中にわき起こってくるのです。そのような感情や感覚は、レスポンデント行動なので、きっかけがあると必ず生じます。その生じた感情や感覚がとてもつらいものだと、それを避けたくなります。そして実際に避けてしまうこともあります。「体験の回避」です。

　このような感情や感覚について、もう一度確認をしてみましょう。手元にペンがあれば、ペンの先を出し、右手で持って左手の甲を軽く突いてみてください。若干の痛みが発生します。これは反射的に生じる痛みです。どれくらい続きましたか？

　たいてい数秒のうちに痛みは消えていくでしょう。私たちの感情や感覚は、何かきっかけがあって痛みや不安、恐怖を感じたとしても、刺激がなくなると薄れて消えていきます。あまり長く続くようにはできていないのです。こういった自然な元々の痛みや不快さを**クリーンな痛み**とか**クリーンな不快**といいます。

　一方で、私たちは体感として、痛みや苦しみ、不安や恐怖がとても長く続くと感じることもあります。私たちは何かきっかけがあって感覚や感情が生

じたときに、「あ、この痛みは何だろう？」「この不安は何だろう？」と思い、何に対して不安になっているのか、今どんな恐怖を感じているのか、よくわからなければその感情や感覚に近づき、触れ、その正体を見極めようと、いろいろと考えをめぐらせます。思考が膨らむにつれ、呼吸が乱れ、緊張感が増し、肩に力が入り、鼓動が速くなってくるかもしれません。不安や恐怖は少しずつ大きくなっていって、長時間それを味わうということになってしまいます。これを**ダーティーな痛み**とか**ダーティーな不快**といいます。クリーンな痛み・不快をコントロールしようとしてもがくなかで現れる痛み・不快です。不快な感情や感覚に近づき、触れ、考えつづけることで、それらがきっかけとなってさらに不快な感情や感覚が喚起されるのです。

　ダーティーな不快にせず、クリーンな不快のままに保つために「水盤のメタファー」というエクササイズを行ってみましょう。

イメージするエクササイズ
水盤のメタファー
所要時間：3分ほど

　水盤を思い浮かべてください。水盤は、水を入れる広く浅い陶磁器やガラスの器です。寺社にあるような、大きな石のくぼみに水を張った水盤でもかまいません。このエクササイズでは、水を張った水盤をイメージしながら行います。

　私たちのこころは水盤の水面のようなものです。水盤の水面は、ちょっとした風で波打ったり、ほんの少しの水滴で波紋が生じたりします。

　私たちのこころの中でも、ちょっとしたことがきっかけで不安や焦りなど、さまざまな感情が現れます。そこで生じた不安や焦りは、まさに波紋のように、私たちのこころ全体に広がっていきます。

　では、水盤の水面が波打ち、波紋が広がっていったとき、私たちはどのように振る舞うことができるでしょうか？

　もし、私たちが、不安や焦りのきっかけが何だったのかが気になり、

こころの水盤に近づいて触れてしまうと、水面はさらに大きく波打つことになるでしょう。こころが落ち着きをなくし、嵐のように乱れはじめると、次々と降りかかる水滴でたくさんの波紋が、絶え間なく現れつづけることになるかもしれません。

　私たちがこころの水盤に近づき、触れつづけると、私たちのこころは、ずっと不安や焦りなどのさまざまな感情にさらされつづけることになってしまうのです。

　一方、私たちが、私たちのこころの水盤に近づいたり触れたりせず、水面に生じた波紋をゆっくりと眺めることができたらどうでしょうか？何かのきっかけで波打ちはじめた水面は、だんだんゆったりとした動きへと変化するでしょう。水滴によって生じた波紋も水盤の端まで広がって、やがて元の静かな水面へと戻っていくでしょう。

　何かのきっかけで、私たちのこころの中で不安や焦りが生じたとしても、こころの水盤から少し距離を置いて、静かに眺めつづけることができれば、私たちのこころは、やがて元の穏やかな状態へと戻っていくのです。

　人混みの中でストレスを感じているとき、仕事が行き詰まってうまくいかないとき、友達や家族の言葉に苛立ちを感じたときなどに、私たちのこころの水面は波打ち、波紋が生じます。そんな時、こころの水盤から少し離れ、水面を静かに眺めることができるよう、練習してみましょう。

　このエクササイズでは、こころの中の不快な感情を、水面に水滴が落ちたときの様子に喩えています。水滴が波紋を広げるように、不快な感情も広がっていきます。「なんだ、この波紋は？」と気になって、水盤に近づいて水盤に触ると、水の表面は激しく波打ち、波紋がさらに広がっていきます。これがダーティーな不快です。

　不快な感情が生じてもダーティーなものにしないように、**こころの水盤か**

ら距離を置いて眺めるだけにしてみると、水盤で波紋が生じても次第に静かな水面に戻っていきます。私たちのこころの中で何か起こったときも、水盤の波紋をイメージしながら、水盤に対し何もせずに、ただ眺めているようにします。このような振る舞い方が「アクセプタンス」です。

　日々の生活の中では、不快な感情や感覚が生じるような出来事に出合うことも珍しくはありません。そんな時、こころの水盤をイメージし、ただそれを眺め、レスポンデント行動である感情や感覚が全体に広がりながらまた静かに落ち着いて、元の水面に戻っていく様子を観察しましょう。

不快な感情・感覚への向きあい方：アクセプタンス

　不快な感情や感覚への向きあい方として、別の視点から**アクセプタンス**や**ウィリングネス**について考えてみましょう。

　価値に向かう行動をしようとすると、そのとたんに**不快な感情や感覚**が生じるときがあります。例えば、英語の勉強をして TOEIC の試験を受けようとすると、試験当日にお腹が痛くなったというようなことは、誰でも経験したことがあるのではないでしょうか。

　もっとより大きな脅威に出合ったとしましょう。

　巨大なクマが自分の近くに現れたと想像してください。今 50 メートルくらい先にクマがいます。あなたは、どうしますか？

　きっと逃げることを選ぶでしょう。50 メートル先くらいなら逃げることが一番生き残る可能性の高い方法です。

　それでは、いつの間にかクマが近づいてきて 10 メートル先にいます。今度は、どうしますか？

　自分は無力で、どうしようもないと思ったら、その場で凍りついてしまうかもしれません。まだ距離があるから逃げられると思ったら逃げ出すでしょう。

　それでは、1 メートル先あるいは 50 センチ先だったらどうでしょう？

今度も凍りついたままですか？　それとも何か別の方法をとりますか？

　こうなると闘うしかありません。生き残るには巨大なクマをやっつけるしかないわけです。小さな拳でも一撃を投じてみようと、死に物狂いになります。このとき、私たちは恐怖という感情を怒りに変えて闘います。

　私たちの恐怖への反応には、**闘う、逃げる、凍りつく**（Fight・Flight・Freeze）という３つのパターンがあるといわれています。人によっては距離に関係なく、絶対闘うのだという人もいれば、どんなときでも逃げるという人もいるでしょう。距離に関係なく、凍りついて何もできなくなるという人もいます。私たちがどのようなかたちで自分自身の感情・感覚に向きあうのか、この３つのパターンの中のどれかにはあてはまるのではないでしょうか。

　感情や感覚の本来の役割の１つ目は、**生命維持のための警報装置**です。**お腹が空いた、疲れている、暑い、寒い、熱い、冷たい**といったような感覚は、私たちの生命が危険にさらされているかどうかを教えてくれます。暑すぎると熱中症になりますし、寒すぎると凍傷になり、場合によっては死んでしまいます。お腹が空きすぎると動けなくなりますし、疲れすぎるとごはんを食べる元気もなくなります。そんな状況にならないように、ある程度のところで警報が鳴るという仕組みを持っているのです。

　感情や感覚の本来の役割の２つ目は、**自己保全のための警報装置**です。船が大きく斜めに傾いているようなときには、このままだと**危険**だと恐怖を感じて、逃げ出すように促されます。とても嫌な感じがじわじわ迫ってきて**不快**だ、前にこのようなことがあったときに嫌なことが起こったと**不安を感じ**ることもあります。自己保全のための警報装置はどちらかというと感情の役割です。

　小さな警報から大きな警報まで、いろいろなレベルの警報を私たちの感情や感覚は教えてくれます。もし小さな警報が鳴っただけなのに、とても大きな反応をしてしまう習慣ができると、大変です。それは警報装置に対して**過剰反応**する行動習慣を持ってしまったことになります。朝起きて心臓がドキ

ドキしてきた、もうパニック発作が起こるにちがいないと思って、外に出るのをやめる。これは警報装置に過剰反応する行動です。

警報装置が機能するためには、感情や感覚が私たちに警報を出してくれたとき、どのように対処すればよいのでしょうか？

まず、**警報が発せられているということを確認する**のが第一です。警報が鳴っていることを確認したら、小さな警報に**過度に反応するのではなく、そのままにしておく**のです。そして、できればその**警報装置の居場所を作り**、その警報を鳴らしてくれたことにありがとうと**感謝**の言葉を言いながら、警報が収まるのを待つという対応をするとよいでしょう。

その居場所を作り、感謝するために「花壇のメタファー」というエクササイズをやってみましょう。このエクササイズでは、こころの中の花壇をイメージしながら行います。

 イメージするエクササイズ
花壇のメタファー

あなたのこころの中に花壇を作ってみましょう。レンガを組んで囲いを作ってもよいですし、プランターを並べてもけっこうです。

あなたのこころの中に庭園をイメージし、そこに花壇を作りましょう。

そして、あなたのこころの中の感情や感覚、思考を、花や草木に置き換えて、花壇に植えていきましょう。

自分にとって心地良い（快い）感情や感覚、思考は、どんな花や草木になるでしょうか？

自分にとって嫌な（不快な）感情や感覚、思考は、どんな花や草木になるでしょうか？

その感情や感覚、思考が、どんなものであったとしても、それらを花や草木に置き換えて、花壇に植えていきましょう。自分にとって心地良

い花や草木は、花壇のどのあたりに植えていくとよいでしょう？ また、自分にとって嫌な花や草木は、花壇のどのあたりに植えていくとよいでしょう？

　自分にとって、それらの花や草木に置き換えた感情や感覚、思考がどんなものであったとしても、それらは、大切な自分の、あなた自身の一部です。

　すべての花や草木に、「ここにいてもいいよ」と声をかけ、水をやり、肥料を与えていきましょう。

　あなたにとって嫌な感情は、何かを失った悲しみやひとりぼっちだと感じる寂しさなのかもしれません。あなたにとって嫌な感覚は、次に起こることに不安を感じドキドキしたり、呼吸が苦しくなったり、お腹が痛くなったりすることかもしれません。

　また、あなたにとって嫌な思考は、自分自身に対する攻撃的で批判的な考えかもしれませんし、誰か別の人に向けている怒りや攻撃的な考えかもしれません。そんな考えを持つこと自体が、自分自身を社会から遠ざけ、自分らしく生きることを邪魔しているとわかっているのに、そのような考えから離れることができないのです。

　でも、そのような考えを持つことは、普通のことです。誰もが、自分を傷つけたり、他者を傷つけたりするような考えを持つことがあるのです。

　嫌な感情や感覚も同じです。誰もが、自分にとって苦手なことや取り組むのが不安なことに出合うと、悲しみや寂しさにさいなまれたり、不安や苦痛を感じたりしているのです。

　けれど、あなたにとって嫌な感情や感覚、思考をすっかり取り除くことはできません。でも、そのような感情や感覚、思考を、誰もが持つ大切な自分の一部と捉え、花壇の中に居場所を作り、慈しむことができるのです。

　自分の中の、嫌な感情や感覚、思考を受け容れ慈しむことで、もっと

別の方法で行動することができるようになります。

　自分の中の嫌な感情や感覚、思考に居場所を作り、落ち着いて、もっと別の方法を考えてみましょう。

　あなたは、いつでも自分自身や他の誰かを大切にするような振る舞い方を選び、実行することができるのです。

　うまくできましたか？　イメージした花壇で、もう少しエクササイズを続けてみましょう。自分への慈しみをセルフ・コンパッションといいます。続けてイメージしてみてください。ここからはセルフ・コンパッションがテーマです。

　あなたの花壇に、どんな感情の花が植えられたでしょうか？　不安の花、恐怖の花、寂しさの花や喜びの花が植えられたかもしれません。

　それぞれの花はどんな色をしていましたか？　それぞれの花がどんな色をしているかイメージしてください。

　いくつかの感情の花を植えてみましたが、花壇は色鮮やかな感じになったでしょうか？　バランスが悪いようなら、もう少し心地良い（快い）感情の花を植えてみましょう。嬉しいという感情の花があります。どんな色をしているかイメージしてください。そして、その花も花壇に植えてください。良いバランスになってきましたか？

　素敵な花壇が出来上がってきました。花壇に植えた花は自分の中でとてもつらい花もあれば、とても心地良い花もあります。それらの感情はすべて私たちの人生を豊かにしてくれるものです。つらい思いをつらいと感じることも大事ですし、寂しいときに寂しいと感じることもとても大事なことだからです。

　感情は警報装置ですが、私たちに豊かさを伝えてくれる装置でもあるわけです。では、情緒を豊かにしてくれる花たちに感謝をしながら、横に置いてあるジョウロで水をあげてみましょう。そのときに、「ありが

とう。いつもいろいろな感情を私に与えてくれて」と言いながら行って
みてください。

　どうですか？　もしそれぞれの感情の花たちに意識があるとしたら、
感情の花たちはそれぞれ喜んでいますか？

　そういった感情との接し方は、自分への慈しみにつながっていきま
す。さまざまな感情が私たちの中にあります。それらは、私たちにいろ
いろな情報を与えてくれて、私たちの生活や人生を豊かにしてくれま
す。そういった感情に「ありがとう」「とても役に立っているよ」と言
いながら、水をあげ、感謝の気持ちを向けることができると、自分に対
してとても豊かな気持ちを向けていることに気づきます。

　それが、自分への慈しみ──セルフ・コンパッションです。

　ACT のアプローチの一つであるアクセプタンスでは単に受け容れるとか、
そのままにしておくというだけではなく、より一歩進んでさまざまな感情や
感覚と向きあうことを練習していきます。それらの感情に居場所をつくり、
そこにいてもいいよと受けとめたり（ウィリングネス）、それらを大切な自
分の一部として慈しみ、感謝の気持ちを向けたり（セルフ・コンパッショ
ン）することも大切です。

　ウィリングネスやセルフ・コンパッションという振る舞い方も、ACT の
感情や感覚へのアプローチなのです。

価値に向かう行動を邪魔するもの（その2）

　「価値」に向かう行動を邪魔するものの2つ目は、**ネガティブな思考の連
鎖**です。

　これまでにネガティブな思考は、勝手に始まり、広がっていくという話を
しました。思考は何かきっかけがあると**自動的に**スタートします。そして、
スタートのきっかけは、いろいろなものにつながり広がっていきます。

例えば、会社員の例で考えてみましょう。最初は上司の顔を思い出すと始まっていたネガティブな思考が、同僚の顔を思い出しても始まるようになりました。そのとき、ドキドキしたり、息苦しさを覚えたりしました。すると、別のときに息苦しさを感じると、ネガティブな思考が始まるようになりました。「明日は月曜日だな」と考えたり、時計の音がカチコチと聞こえ「時間が動いている」と感じたりすると、ネガティブな思考が始まってしまうようになりました。

　この例のように、**思考のスタートのきっかけはいろいろなものにつながり、拡大**していきます。そして、**ネガティブな思考は感覚や感情と結びつき、私たちを苦しめるようになります。事実かどうかは関係なく、思考は自動的に拡大**し、私たちをとらえて放さないようになります。現実的ではないような思考も、私たちの中では現実だと感じてしまうかもしれません。**思考に囚われ、現実と混同**してしまうのです。すべての友達が私をいじめてくると考えると、それが現実であるかのように襲いかかってきますし、同僚すべてが私をいらないと思っているにちがいないと思いはじめると、実際は誰もそんなことを思ってはいなくても、自分のこころの中ではそれが現実のものと感じるようになっていくのです。そして、**思考、記憶といった私的出来事は、さらに時を超えてつながりを強め、**以前もこうだった、未来もこうなるにちがいない、さらには、もう生きていても意味がない、生きる資格がないとさえ考えるようになってしまうこともあります。

　このように私たちは、**思考に囚われ、こだわる**といったかたちで、フュージョンしていきます（フュージョンとは、私たちが自分の思考に囚われ、その思考がすべて正しいと信じ込んでいる状態です）。

　これらに対処するエクササイズとして、クリップボードのメタファー（Harris, 2009）があります。2人1組で行えるなら、クリップボードを使って実践してみましょう。

体験するエクササイズ
クリップボード

　相手役がクリップボードを持って、あなたの目の前に立っています。

　相手が、手に持っているクリップボードを、あなたの顔のすぐ目の前まで近づけてきます。クリップボードは今、あなたの目の前にあります。クリップボードに視野を遮られ、クリップボードしか目に入りません。そして、このクリップボードの中にネガティブな思考がたくさん詰まっていると考えてみてください。あなたは、思考に囚われて身動きがとれなくなり、死にたくなるくらいつらく、誰も信じられず、強い孤独を感じています。そんなときのことを思い出してください。頭の中で耐えがたい思考がグルグルと繰り返され、フュージョンしている状態です。

　どんな気持ちですか？　何とも言えない不快さを感じますか？　耐えがたい思考がたっぷり詰まっているこのクリップボードを見ていたいですか？　このクリップボードをどんなふうにしたいですか？

　目の前から離れてほしいと思いませんか？　それでは、これを押しのけてみましょう。相手が持っているクリップボードを両手で力いっぱい押してください。相手も押しているので、もっと押さないと離れていきません。クリップボードを挟んでお互いに力いっぱい押し合いをしている状態です。このように力いっぱいクリップボードを押している状態で、仕事をすることはできますか？　家事はできますか？　テレビを見て楽しむことはできますか？　お風呂にゆっくりと入れるでしょうか？

　できないでしょう。思考と闘っているあいだは、ほかのことは何もできない状態になってしまいます。なおかつ、これは闘えば闘うほど、力が必要になり、どんどん苦しむことになります。これが思考に囚われている状態です。闘っているときはそれに囚われてしまい、ほかのことは何もできません。

それでは、このネガティブな思考が詰まったクリップボードを押し合うのをやめて、脇に置いてみましょう。クリップボードは見えています。そのまま残っています。どんなふうに感じますか？

　嫌な思考は存在していますが、置き場所を決めてそこに置いてしまえば、さっきほどは気にならずに済みます。あまり気にならないで済む状態であれば、仕事をすることも、家事をすることも、テレビを見ることもできます。このように、思考と闘うことをせず、置き場所を決めておき、そのままにしておくことができれば、ほかのことは自由に何でもできるのです。こころの中のどこかに置いておくこともできるのです。

　思考と闘うのか、それとも置いておいて、別のことに力を注ぐのか、選ぶだけです。どちらがいいですか？

　置いておくほうがよさそうですね。こうしたやり方を「脱フュージョン」といいます。闘うのをやめて、そのままにしておき、空いたスペースで別のことをするのです。

　このクリップボードのメタファーは、イメージすることが苦手な方も体感しやすく、わかりやすいエクササイズです。

ネガティブ思考との向きあい方：脱フュージョン

　思考についてもう一度復習してみましょう。

**　思考の本当の姿とは何だったでしょうか？**

　言葉でした。私たちは日本語で考えます。もともと言葉はコミュニケーションのために私たちが身につけてきた道具でした。その道具を考えることに援用している方法の一つが思考です。**思考はただの言葉**なのです。どんなネガティブな思考が繰り返し生じたとしても、それは歌謡曲と同じような**言葉の連なり**であり、イントラバーバルなのです。

　一連の言葉の連なりである思考は、いつも本当のことを言っているわけで

はありません。歌謡曲の歌詞は真実でないことがあります。ニュースは必ずしもどの報道でも同じように表現されてはいません。それと同じように、私たちの思考も、真実を映している場合もあれば虚飾の場合もあるのです。

思考は嘘であることもあれば、本当であることもあります。私たちは、自分の言葉や思考がどの程度信憑性のあるものなのか、疑ってかかる必要があります。

私たちは自分のことをよく知っている自分自身が言うことは絶対に正しいと認識しがちです。しかし、自分自身は案外に幼稚で、注意を引くためなら何でもするような存在なのかもしれません。

私たちの中に出てくる思考は、必ずしも**友達が向けてくれるような優しい、慈愛のこもった言葉ではない**場合があります。むしろ、無視したほうがよいような、いじわるな言葉のほうが多いかもしれません。それをしっかりと見極められるように、思考と距離を置くことが重要になってきます。

また、**思考にはいろいろな感情や感覚がくっついているので、**私たちはさらにフュージョンしがちになります。こうしたことを認識し、思考と距離を置き、感情や感覚についてもそのままにしておく練習をすることが有意義だといえます。特に、自動思考として現れるあまりありがたくない思考や思考パターンは、簡単にその内容を変えることはできません。

例を考えてみましょう。アキラさんがいつも思い出すエリーという女性がいます。アキラさんはサザンオールスターズの『いとしのエリー』の歌が流れるたびにエリーのことを思い出し、つらい思考にさいなまれてしまうようになっていました。アキラさんがある人に相談すると、「エリーという女は悪い女だから思い出さないほうがいいよ。何かの拍子にエリーを思い出して苦しんでいるのはもったいないよ。サザンの歌でエリーのことを思い出すくらいなら、エリーのところを夏菜子に変えてしまえばいいよ。ももクロ（ももいろクローバーＺ）の夏菜子はいつも元気で素敵だもの」。そのように、エリーを夏菜子に変えるように言われました。うまくできそうでしょうか？

エリーがいかに悪い女だと言われても、自分の中に出来上がっている自動

思考、思考パターンがあります。大好きな歌のサビの部分の「エリー」が、思い出の中のエリーと重なります。いかに無理して歌詞に出てくる「エリー」という部分だけを変えようとしても、逆にエリーに執着してしまい、もっとエリーのことを思い出してしまうかもしれません。さらには歌詞を「夏菜子」に変えたことで、エリーが夏菜子と関係づけられて、今度はももクロの歌を聴いた瞬間に、夏菜子がジャンプする瞬間に、エリーのことを思い出すようになったら、もっとつらいことになってしまうかもしれません。そんなことが起こってしまう可能性があることが、私たちの言葉の特徴である関係フレームがもたらす困難さなのです。

自動思考や思考パターンは簡単には変わりません。ですから、**思考との向きあい方としては、距離を置いて眺める、囚われずそのままにしておき、**先ほど感情に対して行ったのと同じように、「そのくらい強烈なイメージを私に残してくれたんだね、ありがとう」という気持ちを向け（**思考が与えてくれる情報に「ありがとう」と言う**）、思考を手放していくことに取り組むほうが効果的なのではないでしょうか。

それでは、脱フュージョンをイメージする「滝のメタファー」というエクササイズを行ってみましょう。

私の同僚の中に、こんな話をしてくれた人がいました——次々と仕事が降りかかり、しなければならないことが言葉の滝となって自分に降り注いできて、その言葉の滝に打たれながら身動きができず、何から手をつけたらいいかわからなくなり、悶々とした状態になっている自分がいた、というのです。それをヒントに考案したエクササイズです。

私たちは、次から次へと忙しく仕事や何かに追われて、大変な気持ちになるときがあります。まさにそれは、私たちが思考に囚われ、身動きがとれなくなって、逃げ出すこともできず、言葉の滝に打たれつづけているような状態かもしれません。そんな滝行の自分をイメージできますか？

このエクササイズでは、こころの中に滝をイメージしながら行います。

滝のメタファー

所要時間：3分ほど

　私たちが思考や感情、感覚に囚われてしまっている状態は、滝の中で流れ落ちてくる水流にさらされつづけているようなものです。

　私たちが思考に囚われているとき、私たちは次々と現れ途切れることのない言葉の流れにさらされ、打たれつづけています。次々と現れる言葉は、それが大切な言葉なのかどうかを考える間もなく、まさに次々と私たちに降りかかります。

　私たちは、滝の流れにさらされながら、「頑張らなければならない、耐えなければならない、強くならなければならない」と歯を食いしばり、この苦難にあふれた状態をなんとかしようともがいています。

　こんなとき、私たちのこころには、焦りや不安、恐怖などの感情や感覚が生じてくるかもしれません。そして、私たちが感情や感覚に囚われてしまうと、途切れることなく打ちつける大きな滴りは、私たちのこころをさらに痛めつけ、より大きな感情や感覚を引き起こしてしまうでしょう。

　こんなとき、私たちはどのように振る舞うことができるでしょうか？

　ずっと、言葉の滝に歯を食いしばりながら、もがきつづけることしかできないのでしょうか？

　いいえ、私たちは滝にさらされつづけるのではなく、滝を眺められる場所へと移動することができます。滝から少し離れて、水流が緩やかに足元を流れる場所へと移ることができるのです。

　そこでは、降り落ちる流れにさらされるのではなく、緩やかに流れる水流を見て、ゆっくりと思考を眺めることができます。

　すると次々と降り落ちてきていた思考が、同じような思考の繰り返しであり、そんなにたくさんの思考ではなかったことに気づけるかもしれません。また、私たちが滝から少し離れることで、私たちの感情を高ぶ

らせていた大きな滴りは、大気を漂う水しぶきとなって、優しく私たち
を取り囲み、落ち着かせてくれるかもしれません。

　私たちは皆、時々、思考や感情に囚われてしまうことがあります。

　そんなとき、私たちは、ずっと滝にさらされながらもがきつづけるの
か、滝から少し離れたところでそれを観察し、穏やかに受け容れるのか
を、選ぶことができます。

これが、距離を置いて眺めてみるというやり方です。

価値に向かう行動を邪魔するもの（その3）

　「価値」に向かう行動を邪魔するものの3つ目は、凝り固まった自己概念
です。これを、「**概念としての自己**」といいます。概念としての自己は何が
しかの**自己ルール**を生み出します。そして、その自己ルールに従うようにな
ると、強固な**行動習慣や行動傾向**になり、私たちの行動の柔軟性が損なわれ
ることになります。

　概念としての自己は「私は○○だ」のように記述され、概念としての自己
という辞書のような本に書き込まれています。ここには、ネガティブな自己
概念として、「私はいつも失敗する」「私は人よりも劣っている」「私はいつ
も嫌な思いをさせられる」といった自己概念が記述されています。この3つ
の例を見てみましょう。

✳ 私はいつも失敗する

　「私はいつも失敗する」という自己概念は、自己ルールを生み出します。
「難しそうなことはするな」です。こうした自己ルールを自分に課してしま
うと、**「新しいことには取り組まない、できるとわかっていることしかやら
ない」**という凝り固まった行動傾向が生じることになります。

● 私は人よりも劣っている

「私は人よりも劣っている」という自己概念は、「きっとバカにされる」という自己ルールを生み出し、「**自分のことは話さない**」という行動傾向が強められることになります。人間関係は広がらず、他の人に警戒心を抱いたまま、凝り固まった行動傾向を持つようになります。

● 私はいつも嫌な思いをさせられる

「私はいつも嫌な思いをさせられる」という自己概念は、「**知らない人には近づくな**」という自己ルールを生み、「**初対面の人には近づかない**」という行動傾向が強められます。素敵な出会いを逃してしまったり、何かを学ぶ機会を捉え損ねたりしてしまうのです。

こうした凝り固まった自己概念は、凝り固まった行動習慣をもたらします。そして、「**自分にはできない**」「**周りの人はすごい、周りの人は怖い**」という**思い込み**を強めながら、行動を制限していくことになるのです。

私たちは、このような自己概念や自己ルールを通して他者や自分自身を見ているので、うまく価値に向かう行動をとれないのです。

私たちはそういった色メガネでものごとを見ているのです*。

ここで「フュージョンメガネ」というエクササイズを行ってみましょう。

考えるエクササイズ
フュージョンメガネ

🔊)) 所要時間：3分ほど

人は誰でも、知らず知らずのうちに自分のこころにメガネをかけています。

私はそれをフュージョンメガネと呼んでいます。フュージョンとは、私たちが自分の思考に囚われ、その思考がすべて正しいと信じ込んでいる状態です。

私たちは誰でも、さまざまな出来事に出合ったとき、フュージョンメガネを通して見ていると考えてみましょう。

　もし、そのメガネが比較のメガネだったら、どうでしょうか？

　誰かがうまくできている様子を見て「自分よりもすごい」と感じたり、誰かの失敗を見て「自分のほうが優れている」と考えたりするかもしれません。周りの人がいつも、みんな楽しそうでうまくできているように見えると、「私はダメな奴だ、いつも人より劣っている」という考えから離れることができなくなり、その結果、どんなことにも自信を持てず、何かに懸命に取り組むことを避けるようになるかもしれません。

　もし、そのメガネが不安のメガネだったら、どうでしょうか？

　今、目の前では何も起こってはいないのに、明日の学校や仕事のことを考えて不安を感じてしまうかもしれません。何かに取り組むその瞬間に、「きっと失敗する」と考え、不安に囚われてしまうかもしれません。

　私たちは、自分がそんなメガネをかけていることに普段は気づかずにいます。フュージョンメガネは、毎日の生活の中で、知らず知らずのうちにかけられてしまうからです。

　私たちが、今どんなフュージョンメガネを使っているのか、気づくことはできるでしょうか？

　今、あなたはどんなフュージョンメガネをかけていますか？

　あなたはそのメガネを、一度外してみることができるでしょうか？

　そのメガネを外したとき、あなたの周りはどんなふうに見えるでしょうか？

　時々、自分がどんなフュージョンメガネをかけているのかを確認し、それを外せるのか、外してみるとどんなふうに見えるのか練習するようにしましょう。

＊脱フュージョンのためのメタファーとして「色付きのメガネ」にたとえるものがある（Hayes et al., 2012; Hayes & Smith, 2005）。

第**7**章 活力ある生活のために：「価値」とは？

価値：「活力ある行動」のための条件

　ACT の最初の解説で、ACT を「そのままにすること」「気づくこと」「選ぶこと」の3つのパーツに分けました（第6章を参照）。そして、これまでに「そのままにすること（アクセプタンス、脱フュージョン）」と「気づくこと（マインドフルネス、観察する自己）」について、エクササイズを含めて述べてきました。

　そして、これから3つ目の「選ぶこと」について見ていきます。

　ACT の最大の目的のひとつに、「価値の明確化」と「行動活性化」、つまり、自分にとって大切な価値を明確にして、その価値に向かって行動しつづける、というテーマがあります。

　こころの中の落ち着きを取り戻し、静かにこころの動きに気づける状況を得たとしても、それだけでは十分ではありません。自分にとって大切な価値を定め、価値に向かう行動を選ぶ習慣を持たなければ、元に戻ってしまうのです。

　そこで、この章では、「価値」や「価値に向かう行動」について整理し、計画していくということを実際にしていただこうと思います。

価値というのは、日々の行動の方向性や指針です。**価値を明確化**するということは、

「私の大切な何か」＝「価値」

について考え、私たちの人生における価値を捉え直そうとすることです。そのためには、価値を「**言葉にすること**」が重要になります。価値を示す言葉ができたら、それを行動に移すために具体的な行動を検討し、価値に向かう行動のゴールを計画立てることで、「選ぶこと」の準備が一つ整います。

　そして、「気づくこと」や「そのままにすること」をしながら、こころの空間に十分なスペースをつくりだし、思考の柔軟性を手に入れていきます。そんなエクササイズを繰り返し、思考に縛られずに選択できる自分を整えることができたら、「選ぶこと」の準備が完了です。

　これらの準備が整うと、毎日の生活の中で、「選ぶ機会」が現れたことに気づけるようになります。また、価値に向かう行動を選ぼうとしたときに、こころの中で、まるで不協和音のように邪魔するものが出てくることにも気づけるようになります。

　そんな自分に気づいたら、もう一度「そのままにすること」を実践し、価値に向かう行動を「選ぶこと」に挑戦するのです。

　「選ぶこと」の準備を整え、「気づくこと」「そのままにすること」に取り組みつづけることが、価値に向かう行動を実際に「選ぶこと」につながっていくのです。

　ACT の 6 つのコア・プロセス（アクセプタンス、脱フュージョン、「今、この瞬間」との接触、視点としての自己、価値の明確化、コミットメント）は、それぞれとても重要なプロセスです。ですが、一つひとつをバラバラに実践していると、なかなか道は開けません。むしろ、ACT の 6 つのコア・プロセスのいろいろなコンテンツを組み合わせて、さまざまに変化するこころとうまく向きあえるよう取り組みながら、実践するほうが効果的です。

ACT の実践家であるラス・ハリス（Russ Harris）は、ACT はダンスを踊るように進めたほうがうまくいくと著書に書かれています（Harris, 2013）*。確かに、ACT の実践は、「気づくこと」「そのままにすること」「選ぶこと」を、タンゴやワルツのステップのように、組み合わせたほうが効果的です。

一人ひとりのこころの状況に合わせて、ACT のコンテンツを柔軟に組み合わせて実施することをお勧めします。

例えば、抱えているこころの問題がそれほど深くはない人の場合には、「価値」から始めてもよいでしょう。自分にとって何が大切か、どこに向かえばよいのかがわからないという人の場合には、問題の中心は「価値の明確化」にあります。そんなときには、価値のエクササイズを優先してやっていくのです。そこで、いざ価値に向かおうとしたときに、こころの問題が生じたら、「気づく」や「そのままにする」を取り入れていけばよいのです。

ACT を本格的に行う場合には、一日にさまざまな種類のエクササイズをいくつか組み合わせて実行していくほうが楽しく取り組めます。特に、「価値の明確化」と「価値に向かう行動への取り組み」に対し、こまめに振り返り、見直していくと、こころの面でも行動の面でも確かな変化が現れるようです。ですから、「選ぶこと」のパーツを、ACT の肝として捉え、しっかりと考え、取り組んでいきましょう。

活力ある生活のための指針「価値」
──何が大切かを知る

次の図を見てください。まず、ハートの中に、たくさんの人がいます。これは**自分にとって大切な人は誰なのか**考えてみることを示しています。大切な人は家族、会社の人、学校の友達、幼なじみだったりするかもしれませ

＊邦訳書：『使いこなす ACT』ラス・ハリス著，武藤崇監修，三田村仰ほか監訳，星和書店，2017.

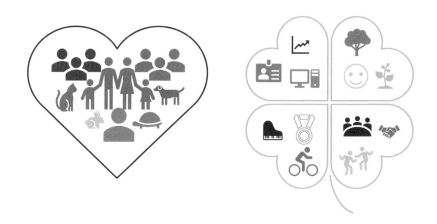

　ん。あるいは、自分自身を大切にしたいと考えているかもしれません。その
ような人たちの中で、本当に大切にしたい人は誰なのかを考え、自分自身の
人生を共に生きる価値のある人として定めます。

　次に、価値をいくつかの領域に分けて考えます。ACT では「価値の的」*
といってダーツの的のような絵がよく使われます。ここでは、柔らかで生き
生きした、そしてなんとなく幸せなイメージの四つ葉のクローバーの絵にし
ました。

　それぞれの葉っぱを「**人間関係**」「**仕事・教育**」「**自分の成長・健康**」「**余
暇・趣味**」という 4 つの領域に分けて整理していきましょう。その領域ごと
に、こうありたい、こんなふうに振る舞いたいという願いを整理し書き込ん
で、自分にとっての価値を考えていく手がかりにします。

　ハートは「大切な人という価値」を検討するアイコン、四つ葉のクローバ
ーは「大切なこと」を検討するアイコンと考えていただければと思います。
そして、そのどちらもが人生を方向づける方位磁石（コンパス）のようなも
のになります。4 つの領域については、のちほど詳しく見ていきます。

＊トビアス・ラングレン（Tobias Lundgren）らによって開発されたダーツボードのような円を分
　割した四分円で 4 つの領域を表したもの。日本語に訳されたものが『よくわかる ACT』ラス・
　ハリス著，武藤崇監訳，星和書店，p.128-129 に掲載されている。

私たちは、価値を定めることで、どのような**人生の方向**に進むかを選択することができます。自分の人生で大切にしたい人や大切にしたいことに対して、「このように接したい」「このように取り組みたい」という思いを**言葉にすること**、これが価値を明確にすることになります。

　価値を明確にすることで、私たちは誰かに対してあるいは何かに対してどう振る舞うのかという方向性を示すことになり、それが行動の動機づけの軸となります。

価値の定義の３つの要素

　価値を自分の中で見つけていこうとするときに大切になる３つの要素を整理しておきましょう。

要素1 継続的にできること

　価値は、ある程度具体的な言葉で表していくことが必要です。そして、毎日の生活の中でこのように振る舞いたいと考えていることを、いつでもできる振る舞い方で言葉にして表しましょう。例えば、「**誰かを愛すること**」「**気遣うこと**」「**与えること**」「**誰かと分かちあうこと**」「**自分あるいは他者に尽くすこと**」「**良い友達でいること**」「**健康を保つこと**」「**正直でいること**」などの言葉がよいでしょう。いつどのような場面でも、赤の他人に対しても、そのような振る舞い方ができるような言葉を考えてみましょう。

要素2 基本となる心構えがあること

　継続的にできることに、**振る舞い方の基本となる心構えを表す言葉**を付け加えると、よりわかりやすい価値になります。例えば、「**集中して**」とか「**一生懸命に**」「**敬意をもって**」「**協力しあって**」「**フェアに**」「**最善を尽くして**」などの言葉です。このような言葉を加えると、継続的にできることについて、自分がどのような心構えで取り組むかがわかりやすくなります。

　自分はどう行動することを望むのか、自分にとって大切な振る舞い方とは何なのかという考え方を基本に置きましょう。あくまでも自分の視点で、自分にとって望ましい方向性を決めるということが大切です。**誰かのためにとか、何かのために、こうしなければならない、こうすべきだというようなことは、多くの場合「価値」ではないと考えてください。**会社のためにとか、家族のためにとか、友達に嫌われないようにといったことから行動の方向性を決めていくと、それはいつかあなたを苦しめる自己ルールへと変わっていくことになってしまうかもしれません。

　価値は具体的なゴールを表す言葉ではありません。いつでもどこでもできる行動指針です。例えば、「結婚すること」と「愛すること」はどうでしょうか。

　誰かと結婚することは、人生の一過程であって、価値ではありません。誰かと結婚した時点で達成されるものだからです。

　一方、価値は、どこかの時点で達成可能なものではなく、価値に終着点はありません。愛することは価値になりえます。あなたがそうありたいと望むのであれば、いつでもどこでも誰かに愛情を注ぎ、愛情深い振る舞いをしつづけることができます。結婚することそのものではなく、幸せな結婚生活を送るためにどうありたいかというあなたにとって大切な心構えや行動、継続的にできることであれば、価値になります。

　価値について考えるためにACTではよく「コンパスのメタファー」（Hayes et al., 2012）を使います。では、ここで「コンパスのメタファー」というエクササイズを行ってみましょう。

イメージするエクササイズ
コンパスのメタファー

　価値はコンパス（方位磁針）のようなものです。方位磁針の針はいつも北を指しているので、私たちはそれを見ながら、向かいたい方向を知ることができます。

　今、私たちは「西に向かいたい」と考えているとしましょう。

　私たちは方位磁針を取り出して、西の方角を確認し、西に向かって歩きつづけることができます。しかし、ずっと西に向かって歩きつづけるのは容易なことではなく、壁に当たったり、道が曲がっていたりしてまっすぐ進めなくなり、道を逸れてしまうこともよくあります。でも、たとえ道が逸れてしまったとしても、もう一度、方位磁針で西の方角を確認すれば、西に向かいつづけることができるのです。

　また、西に向かいつづけるなかで、あそこに行きたい、あの山に登りたい、あそこで少し休憩をしたいということも出てくるでしょう。それはそれでかまいません。それらの行きたいところの一つひとつは、価値に向かう人生の一つのゴールだと考えることができるでしょう。人生の途中には、いろいろなゴールがあるのです。そして、一つのゴールを達成したら、もう一度方位磁針で方角を確認し、自分の価値に向かう方向、例えば西の方角に、再び足を踏み出せばよいのです。

　西に向かうということは、いつでもどこでも行うことができますが、一方で西に行き着くということはありません。西という方角に終わりはなく、ずっと西に向かって進みつづけることになります。価値とはそのようなものです。そこに行き着くことはできません。人生の中でこんな生き方をしよう、これを大切にしようと決めたとき、それが価値であり、その方向に進みつづけるということなのです。

価値とゴール

価値を考えるときに、**価値とゴールを区別**しておくということも重要です。

ここでは、いくつかの例を挙げて、価値とゴールの表現を見ながら、それらの区別や違いを考えてみましょう。区別するヒントとなる点を★で示しましたので、今後の参考にしてください。

> **価　値**　健康な食生活をする、自分のからだを大切にする
> **ゴール**　体重を5kg減らす、スポーツジムに通う

例えば、「**健康な食生活をする**」「**自分のからだを大切にする**」という価値を設定することは可能です。いつでもどこでも、継続的にできることです。一方で、「**体重を5kg減らす**」「**スポーツジムに通う**」というのは、いつでもどこでも、すぐにできるわけではありません。今この瞬間に体重を5kg減らすことはできません。仕事で研修を受けているときに、スポーツジムに通うのが私の価値ですと言い張っても、研修が終わるまではジムに行くことはできません。いつでもどこでもできるという条件から外れるので、これらはゴールだということになります。

> **価　値**　家族を支えたい
> **ゴール**　豪邸に住みたい、お金持ちになりたい【★魔法の杖を振ろう】

時々「**豪邸に住みたい**」とか、「**お金持ちになりたい**」ということを価値だと考える人がいますが、これはゴールです。そんな考えが現れて、他にいいアイデアが出てこないと感じたら、**魔法の杖を振ってみましょう**。今、魔法の杖を振ったら、自分の住んでいるところが豪邸になったり、あるいは、たくさんのお金を一瞬で手に入れることができたりするでしょう。そんな素敵な状況を魔法の杖がつくりだしてくれたとしたら、あなたの大切な人に、

例えば家族に何をしたいのか、そんなことを考えてみてください。そう考えると、もしかしたら「家族が安心して暮らせるように支えになって生きていきたい」などの言葉が出てくるかもしれません。

　ちょっと手が届きにくそうなゴールを言葉にしてしまったときには、今この瞬間に、魔法の杖がそれをかなえてくれたら、大切な誰かや大切な何かにその状況の中でどうしたいのかを、あらためて考えるとよいでしょう。それが本当の価値を見つける一つのステップになります。

価　値　人を愛する、人を尊重する【★自分からできる】
ゴール　人に愛される、人から尊敬される【★自分からはできない】

　人からの愛情が不足していると感じている人たちは、「**人に愛されること**」や「**人から尊敬されること**」を価値だと考えてしまうかもしれません。しかし、これは、自分では実践のしようがありません。誰かから愛されるとか、誰かから尊敬されるということは、自分から能動的にできることではないからです。他者からの愛や尊敬は、私たちの行動の結果として返ってくるかもしれませんが、自分が方向づけをして得られることではないのです。自分からできることとして、自分が方向性を持って行うとしたら、「**人を愛する**」「**人を尊重する**」という振る舞い方を心掛けることでしょう。そして、そんな愛や敬いに基づいた行動をとりつづけた結果として、誰かから愛されたり、尊敬されたりするかもしれません。人を愛する、人を尊重するといった**自分から能動的な行為としてできること**を価値として定め、結果として返ってくるものは、一つの可能性としてのゴールであると考えましょう。

価　値　勇気を持って行動する【★価値に向かう】
ゴール　今より不安を感じなくなる【★体験の回避】

　不安感が強かったり、何か心配事に悩まされたり、苦しんだりしている人は、「**今より不安を感じなくなる**」ということを価値だと考えたくなるかもしれません。それを達成することは、それほど難しくはないでしょう。自分

にとって居心地の良い場所にとどまっていることができれば、不安を感じなくて済むからです。これは**体験の回避によって達成される**ゴールです。しかし、私たちが本当に成し遂げたい何かに向かおうとすると、その瞬間に不安になるので、「**今より不安を感じなくなる**」ようにしようとするかぎり、成し遂げたい何かを行うことはできなくなってしまうでしょう。

　一方で、「**勇気を持って行動する**」という価値を設定するとどうでしょうか？　大切な何かや成し遂げたい何かに向かおうとしたときに、不安や心配が生じても、それに立ち向かう方向を価値が教えてくれるでしょう。不安や心配を感じながらも、「**勇気を持って行動する**」ときに価値に基づく行動をとっていることになります。

> **（価　値）** 他者に対してこころを開き、優しく気さくに接する
> **（ゴール）** 明るい気持ちになる【★感情のゴール】

「**明るい気持ちになる**」というのは**ゴール**でしかありません。明るい気持ちは感情の一つなので、何かきっかけがあってその感情が生じているにすぎません。明るい気持ちになろうとするのであれば、今自分が明るい気持ちになれない理由に向きあい、その現実にこころを開くことが必要です。例えば、大切な人とうまく接したり素直に謝ったりできずに不安を感じているのなら、勇気を振り絞って、「**他者に対してこころを開き、優しく気さくに接する**」ことができるとどうでしょうか？　もしかしたら、そんな価値に基づく行動の結果として**明るい気持ちになれる**のかもしれません。

> **（価　値）** パートナーを受け容れ、理解し、正しく評価する
> **（ゴール）** パートナーに文句を言うのをやめる【★死人のゴール】

　家族や恋人など、大切な人と言い合いをしてしまうことはよく起こることでしょう。時々、「**パートナーに文句を言うのをやめる**」といった表現で価値を設定しようとする人がいます。「○○をしないようにする」「○○をやめる」といったことは、生きている人よりも死んでいる人のほうが上手にでき

ることです。私たちは死んでしまうと、誰にも文句を言えなくなるからです。これは**死人のゴール**と呼ばれています。「行動しないこと」を表す死人のゴールではなく、いつでも取り組むことができる能動的な行動の指針を立てましょう。

例えば、「**パートナーを受け容れ、理解し、正しく評価する**」といった**能動的な行動**を価値の言葉にすると、言い合いになりそうなときに、相手の言葉に耳を傾け、理解し、正しく評価する行動に結びつくかもしれません。

価値を考えるとき、次の**5つのポイント**を意識しましょう。自分の書いた価値の言葉を5つのポイントに照らし合わせて、うまく役に立ちそうか考えてみましょう。

ポイント1　価値は自分の望み

価値は、自分のこころが求めている本当の望みです。誰かが自分に寄せている期待や、役割としてしなければならないことではありません。自分の望みとしての価値は、誰かに言い訳をしたり、正当化したりする必要のない、自分のこころの望みをそのまま映し出しているものです。

ポイント2　価値はいつでもできる

価値はいつでも取り組めるような行動を表しています。ただ価値に書かれている行動は、同じ一つの行動であるとは限りません。いろいろな行動の仕方がありえます。今、この時にどんな行動が自分の価値を表しているかを考えながら、行動を選ぶことができるのです。

ポイント3　価値にはこだわらず、忘れたら思い出す

価値はルールやノルマではありません。うまく価値に向かうことができたらいいな、と思うくらいでかまいません。価値にこだわり、それを自己ルールにしてしまうと、自分への足枷になり、行動を規制し、柔軟性を失わせま

す。価値を自己ルールにしないよう、価値にはこだわらず、忘れたら思い出せばいいくらいの「軽い」感覚で向きあいましょう。価値は、ときどき確認するコンパス（方位磁針）のような存在であることが望ましいのです。

> **ポイント4**　価値にはいろいろあり、そして変化する

　価値は、人生のいろいろな領域で複数個設定してもかまいません。また、人生のいろいろな場面で、優先順位をつけて選んでもかまいません。そして、自分自身が成長し、価値に向かったゴールを達成したら、新たな価値へと変化させていくこともできます。自分自身と一緒に、価値も成長し変化していきます。

> **ポイント5**　価値はTPOに合わせて自由に選ぶ

　いろいろな領域に応じて設定したさまざまな価値は、場面や段階に合わせて、自由に選ぶことができます。ある場面ではこの価値を、別の場面では別の価値を、あることができるようになったら次の価値を選んで、自由に柔軟に方向性を決めていきましょう。

価値の四つ葉のクローバー

　あなたは、この地球に生まれてきました。地球上で過ごす、今のこの人生の時間を何に使いたいですか？　自分のどんな部分を伸ばしたいですか？

　「価値の四つ葉のクローバー」の図の4つの領域に、自分の人生の方向性として、あなたが大切にしたいことを書いてみてください。

　特に、人間関係のところについては、まず大切にしたい人について考え、次にどのようにその人たちに接したいのかを併せて考えてみてください。

　「**人間関係**」「**仕事・教育**」「**自分の成長・健康**」「**余暇・趣味**」の4つの領域で、このようになりたい、このように振る舞いたいといったことを決めていきましょう。全部埋まらなくても大丈夫です。

価値の四つ葉のクローバー（記入例）

3. 自分の成長・健康
（宗教、スピリチュアリティ、創造性、生活スキル、瞑想、ヨガ、自然との関わり、運動、バランスの良い食事や栄養状態、健康を害する要素への対処など）

4. 余暇・趣味
（娯楽、リラックスや息抜きの方法、レクリエーション、創作活動など）

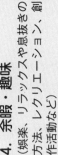
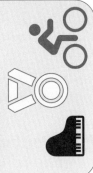

1. 人間関係
（パートナー、子供、両親、自分、親戚、友人、同僚など）

2. 仕事・教育
（職場、職業、勉強や教育、自分の能力の開発など）

人間関係
- 素直になる
- 譲り合う心を持つ
- 感謝の意を伝える
- 自分から話しかける
- 相手の話をきちんと聞く
- 他者に対して優しく接する
- 相手の目を見て笑顔で接する

自分の成長・健康
- 思いやりを持つ
- 知識を豊富にする
- 浮き沈みなく過ごす
- 心身共に健康でいる
- 他者と比べることなく過ごす
- ストレス解消法を身につける
- 柔軟な思考を身につける

仕事・教育
- 仕事を通じて社会に貢献する
- 穏やかな気持ちで取り組む
- 常に向上心を持つ
- 正確さを向上させる
- 周囲の人と協力する
- きちんと理解する
- 丁寧に取り組む

余暇・趣味
- 家族や友人と一緒に過ごす
- 一人で過ごす時間を作る
- 知識を増やす時間を作る
- リラックスして過ごす
- アクティブに過ごす
- 一日を有効に使う
- 住環境を整える

価値の四つ葉のクローバー

3. 自分の成長・健康
（宗教、スピリチュアリティ、創造性、生活スキル、瞑想、ヨガ、自然との関わり、運動、バランスの良い食事や栄養状態、健康を害する要素への対処など）

4. 余暇・趣味
（娯楽、リラックスや息抜きの方法、レクリエーション、創作活動など）

自分の成長・健康

余暇・趣味

人間関係

仕事・教育

1. 人間関係
（パートナー、子供、両親、自分、親戚、友人、同僚など）

2. 仕事・教育
（職場、職業、勉強や教育、自分の能力開発など）

価値に向かう行動について考える

　価値に向かう行動とは、自分が選んだ「価値」に向かって取り組むさまざまな行動です。この行動でしなければならないということはありません。一つのやり方だけでなく、いろいろなやり方をしてもかまいません。遠回りをすることもあるでしょうし、最短距離で価値に向かう行動もあるでしょう。ほんの小さな一歩かもしれませんし、大胆な変化に見えるかもしれません。いずれにしても、うまくいくこともあれば、うまくいかないこともありえます。でも、たとえ失敗したとしても、常にその価値に向かって柔軟に行動しつづけるということが重要です。課題や試練に直面したとき、そのままのやり方を続けるのか、別のやり方に変えるのかを選んで実行していきます。価値に向かう行動をとりつづけるためには、何度失敗しても、もう一度その方向に向かう行動をとろうと考えることが大切です。

　山登りをしていることを想像してください。

　価値に向かう行動は山登りのようなものです。山を登っているとき、私たちは大きな崖に立ちふさがれることがあるかもしれません。崖にハーケンを打ち込みながらまっすぐに登っていけることもありますが、うまくいかずに進めないこともあります。回り道になりますが、崖を迂回して頂上を目指すこともできます。どのようなルートをとるのか、どのような行動をとるのかは自分で選択するのです。山登りでは、いったん尾根に出て、そこから下っていくというルートを選ぶ場合もあります。いったん坂を下り、再び頂上を目指します。うまくいかないときは、価値に向かうルートを見直す、つまり行動計画を練り直して何度でもやり直してよいのです。

　つづら折りの道のように、斜めに坂道を登り続けて突き当たり、反対を向いてまた斜めに坂道を登るような道もあります。何度も何度も方向を変えるので、そのときには、本当に今自分が価値に向かっているのかどうか不安に

思うかもしれません。しかし、見晴らしのいいところで左右を見ると、今まで
での道が下に見え、少しずつでも価値に向かっているとわかります。自分の
足元からはわからなくても向かい側の山から見ている人には、着実に登って
いる、価値に向かっていると見えることもあります。回り道をしたり、緩や
かにしか登れていなかったりしても、着実に価値に向かっていると確認でき
る方法で行動すればよいのです。

　価値に向かう行動を実際に行う場合には、その行動を**いくつかのステップ
に分けておく**と取り組みやすくなります。価値に向かう行動を習慣化するた
めに、毎日続けられて、少しずつ成長を感じられるような行動を計画すると
よいでしょう。そのために、価値に向かう小さなゴールを作り、**スモールス
テップ**を設定するという方法がお勧めです。どのような準備が必要か、どの
ような行動の取り方が必要かを確認し、具体的にその行動に取り組める機会
を明確にしておくと、行動を実行に移しやすくなります。そして、実際に実
行に移し、つまり行動すると、価値に向かう行動がさらに促進されることに
なるでしょう。

　しかし、価値に向かう行動をとったからといって、すぐに大きなゴールを
達成できるわけではありません。西に向かっていくのなら、西に向かいつづ
けるということが必要です。勇気を出して価値に向かって行動できたときに
は、私たちのこころの中では体験の回避をしていたときとは違った感情が芽
生えます。体験の回避をしているときの感情を思い出してみてください。

　例えば、価値に向かう行動として「パートナーにいつも感謝の気持ちを伝
える」という行動を設定していたとします。パートナーが何かをしてくれた
ときに「ありがとう」と素直に言えたときと、言わなかったときとではこころ
ろの中はどんなふうに違っているでしょうか?

　「ありがとう」と言わずにテレビを見たり、別のことをしたりしていたと
したらどんな感じがしますか? 大きな後悔ではないかもしれませんが、少
し暗い気持ちが芽生えるのではないでしょうか。色で言うと、薄いブルーの

ような色でしょうか。

　逆に、価値に向かった行動をとったときの私たちの心持ちは、赤のような暖色系の色で、温かく柔らかなエネルギーに包まれているように感じるかもしれません。

　「体験の回避」と「価値に向かう行動」の大きな違いは、そのときどんな感情や感覚が自分に生じているかで感じることができるでしょう。小さな一歩であっても、温かく柔らかな感じがこころの中で芽生えれば、それが次のモチベーションへとつながっていくでしょう。

　価値に向かった行動を続けていくために、そのときどんな感情や感覚が生じたかに気づき、確認するようにしてください。うまく行動できず、価値から離れているように感じたときには、それらをこころの糧にし、もう一度価値に向かう行動に戻るという行動パターンを目指しましょう。

　価値に向かう行動を整理・計画して価値に向かって行動するとき、必ずと言ってよいほど私たちは迷い、不安を感じます。そんなとき、こころの中に勇気を持ちつづけることができるよう、「勇気のキャンドル」のエクササイズを行ってみましょう。

イメージするエクササイズ
勇気のキャンドル

　あなたのこころの中に、あなたが進みたい方向を照らしてくれる一本のキャンドル（ロウソク）があります。

　それは、勇気のキャンドルです。

　そのキャンドルに火が灯っていると、私たちは、面倒くさいと思っていることや、できないかもしれないと心配していることに出合っても、勇気をもって取り組むことができます。

　あなたが価値に向かって行動しようとするとき、面倒くさいと思ったり、できないかもしれないと心配したりといったように嫌な（不快な）

感情が生じると、こころの中のキャンドルは揺らぎはじめます。その感情に気づき、それをそのままにしておくことができれば、勇気の火はしっかりと灯しつづけられます。

　嫌な感情に囚われてしまうと、自分でキャンドルの火を吹き消し、感情に支配されてしまうのです。嫌な感情に支配され、イライラして誰かのせいにしたり、せっかくの挑戦の機会から逃げ出したり、避けたり、あきらめたりすることになると、私たちは自分にとって価値のあることから離れていき、人生の時間や労力をムダにしてしまうことでしょう。

　こころの中の勇気のキャンドルに火をつけることができるのは、あなただけです。そして、その火を灯しつづけることができるのも、あなただけなのです。勇気のキャンドルの火を灯しつづけて価値ある方向へ進んでいきましょう。

　あなたのこころの中のキャンドルを灯しつづけることができるよう、時々、勇気のキャンドルをチェックするようにしましょう。

　価値に向かう行動をとるときには、それを邪魔する不快な感情やネガティブな思考が現れます。「うまくできるのだろうか？」「失敗するのではないか？」「もうダメだ、絶対に失敗する」、こんな思考が現れ、価値に向かう道から逸れさせようとするのです。そんな時は、こころの中に勇気のキャンドルを１本用意して、価値に向かって行動することをあらためて決意し、キャンドルに火を灯して行動するよう心がけましょう。

価値に向かう行動を計画する
——スモールステップで考える

　それでは、価値に向かう行動を実際に計画してみましょう。**スモールステップで考える**ということが大事です。

　計画表に記入してみましょう（表は p.163 にあります）。

ステップ1 どんな価値について計画するかを考える…大切な人は誰？ 大切なことは何？

ステップ1としては、大切な人は誰？ 大切なことは何？ ということを箇条書きでもかまわないので具体的に決めて書いてください。先ほど価値の四つ葉のクローバーを考えた中から選んでもかまいません。複数書いてもかまいませんし、どれか一つに絞り込んで書いてもかまいません。

ステップ2 自分の価値を言葉にする…ステップ1で選んだ人・選んだことにどんなふうに接したいですか？ 取り組みたいですか？

どんな価値について計画するかを決めたら、ステップ2として、ステップ1で選んだ人あるいは選んだことにどのように接するか、どう取り組むかを決め、自分の価値を言葉にしていきましょう。

ステップ3 価値に向かう行動をスモールステップで考える

ステップ3では、自分の価値に向かう行動について計画していきます。
以下の①から④までのステップに分けて計画しましょう。

① すぐに達成できるゴール（毎日できそうな簡単な行動で、24時間以内にできるような小さなこと）

毎日できそうな簡単な行動で、24時間以内にできるような小さなことを、「すぐに達成できるゴール」としてステップ3の①に書きましょう。

「こんなことはできて当たり前だ」「いつもやってることだからダメだな」などの思考が現れるかもしれませんが、それらの思考はそのままにしておき、確実にできそうなことを選びましょう。24時間以内に達成できる小さなことから始めること、それがゴールであることを意識しながら行動することが大切なのです。

② 短期のゴール（①を1週間くらい続けると達成できそうなこと、数日
　間から数週間で達成できそうなこと）

　ステップ3の①を書いたら、次は「短期のゴール」です。①を1週間くら
い続けると達成できそうなこと、数日間から数週間で達成できそうなことを
ステップ3の②に書きましょう。

　できて当たり前のような小さなことでも、毎日継続することはなかなか難
しいものです。1週間の間、それがゴールであることを意識しながら行動す
ると、それを達成できたときに自分の中でどんな変化が起こるでしょうか？
達成できた自分をイメージしながら書いてみましょう。

③ 中期のゴール（②を1～2カ月続けると達成できそうなこと、数週間
　から数カ月で達成できそうな新しい取り組み）

　短期のゴールが決まったら、次は「中期のゴール」です。短期のゴールを
1～2カ月続けると達成できそうなこと、数週間から数カ月で達成できそう
な取り組みをステップ3の③に書いてください。

　達成するために数週間から数カ月必要なゴールに到達するには、あきらめ
ないで継続する力と、時々休憩する力が必要です。短期のゴールを積み上げ
たり、新たなゴールに向けた継続的な取り組みをイメージしたりしながら書
きましょう。

④ 長期のゴール（③が行動習慣になったらチャレンジしたいこと、数カ月
　から数年でできればいいと考えている新しい取り組み）

　中期のゴールが日々の行動習慣になったらそれをベースにしてあらためて
チャレンジしたいこと、数カ月から数年でできればいいと考えている新しい
取り組みを「長期のゴール」として設定してみてください。

　長期のゴールは、本当になりたい自分に最もよく近づいたゴールです。そ
れだけに長期のゴールの達成は難しく、何度も失敗するかもしれません。そ
れでも、「いつか、こんな自分になれたらいいな」と思えるような自分をイ

メージしながらステップ3の④に書きましょう。

　価値に向かう行動を計画するときに、スモールステップで考えるというのはとても重要なことです。なぜなら、行動計画は実行に移すことが大切だからです。簡単にできることを最初の一歩に据えておくと実行に移しやすくなります。そして、価値に向かう行動を習慣化することで、大きな目的を達成することにつながります。

　小さなゴールを達成して次のゴールに向かうためには、毎日毎日価値に向かう行動に少しずつでも取り組めていることが重要です。同じ行動を日々のゴールとして意識的に繰り返すことで、行動習慣になっていきます。行動が習慣化すれば、その行動習慣が新たな行動を導き出す下地になるのです。小さな価値に向かう行動を習慣にすることで、まさに「塵（ちり）も積もれば山となる」ということにつながるのです。

ステップ4　ゴールとゴール達成を共有できる人を用意する

　計画表に記入したら、いよいよ価値に向かう行動の実践です。

　でも、その前にもう一人、大切な役割の人を準備しておきましょう。それは、自分が選んだ価値やこれまでに設定してきたゴールが何かを共有し、時々、ゴールが達成できたかどうかの報告を聴いてくれる誰かです。このステップは必須ではありません（表にはこの項目はありません）が、できれば準備しておくとよいでしょう。ゴールとゴール達成を共有できる人は、あなたの日々の努力を認め、ゴールの達成を称（たた）えてくれるでしょう。そして、そんなフィードバックが次のステップへの意欲をもたらす源泉となります。

　また、日々のゴールの達成は、私たちのこころの中に温かくて柔らかい感じをもたらしてくれるでしょうが、それをいつも感じられるとは限りません。ときには不安や焦りをより強く感じたり、飽きてしまったりすることもあるでしょう。そんなとき、ゴールとゴールの達成を共有できる人に相談すると、これまでの努力の積み重ねを振り返ったり、次のゴールを再確認した

価値に向かう行動を計画する

ステップ1　どんな価値について計画するかを考える…大切な人は誰？　大切なことは何？

ステップ2　自分の価値を言葉にする…ステップ1で選んだ人・選んだことにどんなふうに接したいですか？　取り組みたいですか？

ステップ3　価値に向かう行動をスモールステップで考える

①すぐに達成できるゴール（毎日できそうな簡単な行動で、24時間以内にできるような小さなこと）

②短期のゴール（①を1週間くらい続けると達成できそうなこと、数日間から数週間で達成できそうなこと）

③中期のゴール（②を1～2カ月続けると達成できそうなこと、数週間から数カ月で達成できそうな新しい取り組み）

④長期のゴール（③が行動習慣になったらチャレンジしたいこと、数カ月から数年でできればいいと考えている新しい取り組み）

りする機会を得ることができるかもしれません。

　価値に向かう行動を実行する前に、あなたの支えとなる良い聞き手を見つけ、ゴールとゴールの達成を共有できるよう相談しておきましょう。

第 **8** 章　ACT マトリックス

ACT マトリックスとは？

　ACT マトリックスは、ACT のエクササイズの一つです。このエクササイズでは、ACT の心理的なアプローチの中の重要な要素をまんべんなく体験できるように組み合わされています。ACT マトリックスは、こころのパーツである思考や感情、感覚、そして行動を、一枚の図に描き上げることで、こころや行動の関係を目で見ることができるよう工夫されています。

　ACT マトリックスは、ケビン・ポーク（Kevin Polk）博士が考案し、世に送り出されたもので、ベンジャミン・ショーエンドルフ（Benjamin Schoendorff）氏らが広く紹介し、世界中で実践されているとてもポピュラーなエクササイズの一つです。ACT マトリックスについては、*The ACT Matrix*（Polk et al., 2014）と *The Essential Guide to the ACT Matrix*（Polk et al., 2016）という 2 冊の英語の本が出版されています。これらの本では、ACT マトリックスを描き出すエクササイズを行いながら、ACT でよく用いられる他のエクササイズとも組み合わせて、ACT によるこころの問題へのアプローチ方法が解説されています。また、ベンジャミン・ショーエンドルフ氏は ACT でよく使われるさまざまなエクササイズを視覚的に現した ACT マトリックス・カードという絵カードを開発していて、ACT マトリックスのエクササイズを行う際に合わせて使うことを勧めています。ACT マトリックス・カードはシンプルな絵が描かれた 52 枚のカードで構成されて

いて、裏面には、それらのエクササイズの方法も簡単に記されています。このカードは、日本語版が発売されています*。

　私自身、相談の場面や、講演やグループでの演習で ACT のエクササイズを行うときに、ACT マトリックス・カードを使うことがよくありますが、一枚の視覚的な手がかりがあることで ACT のエクササイズの趣旨やポイントをうまく伝えることができるようになりました。

自分の ACT マトリックスを作ってみよう

　それでは、ACT マトリックスについて学びながら、自分の ACT マトリックスを書いていってみましょう（p.177 の図に記入してみましょう）。次のページに ACT マトリックスの様式を示しました。

　ACT マトリックスの図には、水平に 1 本線が引いてあって、右側に「向かう」と書いてあり、左側に「離れる」と書いてあります。そして、真ん中に縦にもう 1 本線が引かれていて、上に「五感の体験」、下に「こころの体験」と書いてあります。

　まず「向かう」ですが、これは「価値に向かう」方向を示しています。右側に行けば行くほど、価値に向かっていくことを表しています。もう一方の「離れる」は、「自分にとって嫌な出来事、恐れや不安から離れる（逃げる）」という方向を示しています。これは、価値に向かうことを妨げる方向を意味しているので、「価値から離れる」方向と捉えてもよいでしょう。

　そして、縦に引かれている線の下側の「こころの体験」は、私たちがこころの中で考えたり感じたりしていること、つまり私的出来事を表しています。また線の上側にある「五感の体験」は、私たちが外側に向かって行う実際の行動を表しています。思考や感情などのこころの動きではなく、実際の

＊日本語版：『ACT マトリックス・カード』ベンジャミン・ショーエンドルフ著，刎田文記訳，星和書店，2019.

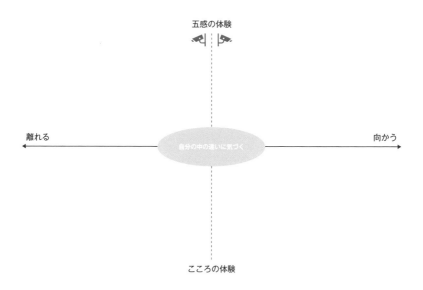

五感の体験

離れる　　　　　　　　　　　　　　自分の中の違いに気づく　　　　　　　　　　　　　　　向かう

こころの体験

行動です。「五感の体験」と書かれた文字の下に、2つのビデオカメラのアイコンがありますが、これは、もし誰かがビデオカメラで撮影しながら観察していれば、ビデオカメラにその行動が映るような、具体的な行動を表していると考えてください。

　それでは、4つに区切られたそれぞれの空欄の部分に、どのような自分自身の行動が、あるいは思考や感情、感覚などが入るのかを検討し、整理していきます。4つの部分を、右下、左下、左上、右上、と順に見ていきます。

自分の中の違いに気づく

❀ 右下の部分：私にとって大切な何か

　特に順番が決まっているわけではありませんが、まず右下の部分から始めましょう。

　右下の部分は、価値に向かう方向でこころの中で思っていることを言葉に

します。あなたにとっての価値について整理する部分になります。

　右下の部分には、あなたにとって大切な人あるいは大切な何かを書いてみましょう。「あなたにとって大切なのは誰ですか?」という問いかけへの答えを考えるとよいでしょう。

　前の章で価値について整理したものがあれば、それを参考にしてもかまいませんし、同じ人や同じようなことが入ってもかまいません。

　大切な人については、父母や子供、夫や妻、友人やパートナー、ペット（人でなくてもよいのです）などを挙げることができるかもしれませんし、また、一番大切なのは自分だという人もいるでしょう。

　大切な人が誰なのかを書いたら、その人たちにどんなふうに接したいかを考え、書きましょう。

　わかりやすいように、Aさんの例とともに考えてみます。

　Aさんは、この部分に「家族、パートナー、友人」と書きました。そして、どう接したいかという問いに対しては、「いつも愛情を持って笑顔で接し、感謝の気持ちを伝えたい」と書いていました。

　私たちは誰でも、私たちにとって大切な人に対して、本当は愛情を持って優しく接したいと考えているのではないでしょうか。しかし、そんな思いを、いつでも必ず行動として表すことができているでしょうか? こう振る舞いたいと思っていてもそれができていないとき、どんな思考や感情、感覚が生じているのでしょうか?

　Aさんはいつもパートナーに「ありがとうと言いたい」と思っているけれど、パートナーを目の前にするとそれを言葉にできていませんでした。そのとき、Aさんのこころの中の何がそれを妨げているのでしょうか?

✿ 左下の部分：望ましくない思考・感情・感覚

　ACTマトリックスの左下の部分には、そんな価値に向かう行動を踏みとどまらせている、こころの中の何かについて書き出します。価値に向かう行

動の実行を妨げる何かがこころの中に生じたとき、私たちは何を思い、何を感じているでしょうか？　どんな望ましくない思考や感情、感覚が現れ、価値に向かう行動を邪魔しているのでしょうか？

　「面倒くさい」「自分だけが頑張っている」「他の人は怠けている」「試す意味がない」「自信がない」といったやっかいな思考が現れているかもしれません。不安や悲しみ、心配、恥ずかしさ、イライラ、モヤモヤ、ムカつくといった感情が生じているかもしれません。また、そのような感情は、頭痛や腹痛、下痢、じんましん、かゆみなどの身体感覚を感じさせているかもしれません。これらは、複合的に現れることがあります。

　このような望ましくない思考や感情、感覚が出てくると、私たちは価値に向かう行動をとれなくなりがちです。そんな自分の中の私的出来事に気づいたら、それを左下の部分に書き入れましょう。

　Ａさんは、この部分に「面倒くさい」「恥ずかしい」「また今度にしよう」といった思考や感情を書いていました。Ａさんの「ありがとうを伝えたい」という思いは、これらの思考や感情に邪魔されて、実際には言葉にできていなかったのです。

　ＡＣＴマトリックスの図の真ん中に「自分の中の違いに気づく」と書かれた部分があることに注目してください。ＡＣＴマトリックスのエクササイズでは、「違いに気づく」ということがとても大切なポイントです。

　「価値に向かう」という望みが、私たちのこころの中にあります。私たちは右側つまり価値に向かう方向に進みたいのですが、ときにそれを妨げるかのような感情や感覚、思考が現れます。左下の部分にそれを書けたでしょうか。まったく違う方向ですが、私たちのこころの中にはこのような２つの方向に向かわせる思考や感情、感覚が両方とも同時に存在しています。価値に向かいたいと思っていると同時に、「面倒くさい、つらい、不安だ」などの思考や感情もあるのです。価値に向かおうとすると、必ずといっていいほど、それに抗うような気持ちが出てきます。これは一般的なことで、悪いことではありません。左下の部分をなくすことはできませんし、だからといっ

て右下に書いてあることをあきらめる必要もありません。誰もがこの2つの方向の間で葛藤しているのです。それが普通で、当たり前です。もし、価値に向かいたいと思ったときに、このような思考や感情、感覚が出てきたら、両方が自分の中にあるのだということに気づき、そのままにしておきましょう。

❀ 左上の部分：体験の回避となっている行動

　左下に書いてあるような望ましくない思考や感情、感覚が出てきたとき、私たちは、それらから離れたり、逃げたりするために、どんなことをしているでしょう？　価値に向かう行動をとる代わりにどんなことをしているのか、左上に書いてみましょう。

　例えば、ピザやハンバーガー、ドーナツを食べるといったように食に走る人もいるでしょう。それほど必要のない素敵なドレスを買いに行くといったように買い物に走る人もいるかもしれません。スマホでゲームに興じたり、YouTube を見たり、音楽に聴き入ったりする人もいるでしょう。会社や学校で居眠りをする、休日は何もしないで家で寝続ける、そんな人もいるかもしれません。サラリーマンであれば、仕事の合間にタバコを吸いに行ったり、お酒を飲んで面倒なことを忘れようとしたりするかもしれません。テレビや映画を観て時間をつぶす人もいるかもしれません。

　「五感の体験」はカメラに映る行動です。自分が「面倒くさい」と思ったり「何をやってもうまくいかない」と思ったり、不安や恐れ、イライラを感じたりしたときに、あなたがしがちな体験の回避となる行動を、思い当たるだけ書き出してみてください。

　Aさんはここに、「TV をつける、マンガを読む、iPad で動画を見る」と書いていました。

　「体験の回避」をしていない人、したことのない人はいないでしょう。

　私もたびたび体験の回避をしています。土曜日や日曜日には、「今日は休

日だ。頭を休める日も作らないと」と言い訳しながら、iPad で映画を観てしまいます。家族を買い物や遊びに連れていけば喜ぶだろうなと思いながらも、日がな一日布団の上でゴロゴロ過ごし、「なんて怠惰なんだろう」と思うこともあります。明らかに体験の回避だと認識しながら、ぐうたらな生活をしてしまいます。

　私たちは自分や社会のためになると思っても、毎日毎日それに取り組めるわけではありませんし、体験の回避が悪いわけでもありません。体験の回避をしないと英気を養えないという側面もあります。価値に向かう行動というのは、いつも若干のストレスを伴っていて、それを乗り越えようと挑戦するような行動です。価値に向かう行動をとりつづけると消耗してしまいます。充足感は得られても、疲れてしまうのです。時々、体験の回避を選択することは、私たちの人生を豊かにし余裕を感じさせる、人生のエッセンスのようなものなのです。

　ただし、まったく価値に向かう行動をせず、体験の回避をしつづけている場合には、その行動を望ましいものと考えることはできません。

　体験の回避をしているとき、私たちの人生は、プラスの方向に向かって動いているでしょうか？

　基本的には、体験の回避をしているときに進歩や進展はありません。そして、ちょっとした後悔や失意の気持ちが芽生えるのが一般的です。左下の部分に、そのような気持ちが芽生え、「やらなくては」「今度こそは」と思ったら途端に、「まだ時間の余裕がある」「やっぱり面倒くさい」という考えが湧いてきます。すると、また左上の部分に立ち戻って体験の回避を繰り返し、左上と左下の部分を何度も何度もグルグル回り出し、価値に向かう右側に踏み込むことなく、左側だけで時間を費やしていくことになります。

　こうした状態かどうかをチェックするために、左上に書いた体験の回避の行動の横に、一日あたりどれくらいの時間を費やしているかを書いてみてください。

　どのくらいの時間になりましたか？

Aさんは、「TVをつける［2時間］、マンガを読む［1時間］、iPadで動画を見る［1時間］」と書きました。毎日、パートナーの顔を見たときに「ありがとう」を伝えることをせず、体験の回避に4時間を費やしていたのです。パートナーに素直な気持ちを伝えるのに必要な時間は数分もかからないでしょう。それを避けて、体験の回避に毎日4時間を使い続けていくことは、Aさんの人生にとって有意義だと言えるでしょうか？

　体験の回避は、必ずしも悪い行動ではありませんが、それに毎日4時間、6時間と多くの時間を費やしているのであれば、問題があると捉える必要があるかもしれません。不登校の子供たちの中には、このような体験の回避を一日中している人もいるでしょう。人生の時間を無駄にしているということは子供たち自身でも気づいているかもしれません。一日何も進展がないことに気づいたら、今度はそれがストレスになり、イライラして物や人に八つ当たりするのも当たり前かもしれません。体験の回避があまりにも長い時間続くようになると、私たちの人生の多くを無駄にしていることになってしまうのです。

　そのような状況を、**スタック**あるいは**はまり込み**といいます。雪道でクルマのタイヤが雪に取られて身動きができなくなっている状態をスタックといいますが、同じような状態です。

　こんな状況から抜け出す行動を考えるために、右上の部分を使ってみましょう。

❁ 右上の部分：価値に向かう行動と行動計画

　ここに書くのは、価値に向かう具体的な行動とそれを実行するためのプランです。価値に向かっていくために、どんなことができるのか、どのような行動の選択肢があるのかを考えます。先ほどの章で、価値に向かう行動をスモールステップで考え、計画することに取り組みました。まさに、その表に整理したものと同じようなことを右上の部分に書きましょう。①すぐできる

ゴール、②短期のゴール、③中期のゴール、④長期のゴールを書きましょう。そして⑤として新たな挑戦を書き加えるのもよいでしょう。価値に向かう行動を段階的に計画し、書いていくことで、体験の回避にはまり込んでいる状態から別の方向性に進む糸口を見つけることができるでしょう。

　ここまで、ACTマトリックスを作り上げることができたら、今書いたマトリックスの全体を、もう一度眺めてください。それはまるで、あなたのこころの中の一部を切り取って描き出した、絵のようになっていませんか？　それが、まさに自分自身だと感じられたら、そのマトリックスの出来は上々です。あらためて、マトリックスの左の方を見ると少し残念な気分になり、右の方を見ると少し明るい気分になるかもしれません。そのどちらもが自分です。全体を見渡したときに、「なんとか価値に向かって行動できているな」と思う人もいれば、「ちょっと体験の回避に走りがちかな」と思う人もいるでしょう。また、右の方の自分と左の方の自分の両方を見ている自分がここにいます。今、それに気づいた自分はどんな気持ちでしょうか？　わりと落ち着いて、2つの方向性を持っている自分を見ることができているのではないでしょうか？

　このように落ち着いて自分自身を眺めることができる視点、これが「観察する自己」の視点です。

　観察する自己の視点を持ちながら、左下に書かれているいろいろな思考や感情、感覚を眺め、距離を置いて、そのままにしておくことを試みる。これが「アクセプタンス」や「脱フュージョン」へとつながります。

　また、左側（左上・左下）で体験の回避にはまり込み、スタックしている自分に気づき、自分の人生を無駄にしていることを知ること、これをACTの中では、「創造的絶望」と呼んでいます。ACTマトリックスは、「創造的絶望」のエクササイズでもあります。

　右側（右上・右下）は、価値と価値に向かう行動を計画し「選ぶこと」へとつながるエクササイズです。

そして、マトリックスを見るといろいろなことに気づかされます。マインドフルネスのエクササイズで「気づく」自分を磨き上げるのと同じように、ACT マトリックスを書く過程で、私たち自身を観察する自己の視点からマインドフルに気づく練習をすることができるエクササイズになっています。

どちらの行動をとるか選択する

　ACT マトリックスには、ACT の中で扱われるさまざまな要素が総合的に盛り込まれています。この ACT マトリックスは、こころの中を整理するときに使ったり、あるいは以前書いたものをもう一度取り出してきてどのくらいできているかを再検討したりするのに使いやすく、お勧めです。海外では、自分自身のこころの中を取り扱う練習ができる総合的なエクササイズとして非常に人気が高く、またよく使われているものの一つです。私は、ACT マトリックスが、日本でももっとポピュラーなものになっていってほしいと願っています。

　ここまで、ACT マトリックスのエクササイズを体験し、私たちのこころや行動を4つに分類する方法を勉強しました。日々の生活の中でこの4つの分類を意識して、自分が感じた思考や感情、感覚を、あるいは自分の行動を分類する練習をしてはいかがでしょうか。その練習のために、こころの中に仮想のマトリックスを用意したり、手帳の1ページをマトリックスにしたりするのもよいでしょう。そして、何かに気づいたその時に、マトリックスに分類し、書き込んでいきましょう。価値に向かう行動をとれたと気づいたら、右上にそれを書き込み、体験の回避をしていることに気づいたら、左上に書き込みましょう。新しく大切にしたいことや新たな価値に気づいたら、それは右下に書き記しておくとよいでしょう。

　このように、日々の自分の体験を4つに分類する練習を重ね、そんな習慣が身につくと、自分自身の行動やこころの動きにもっとうまく、もっとはや

く気づけるようになるでしょう。

「気づくこと」がうまくできるようになったら、次は「選ぶこと」です。

右に行くにしても左に行くにしても、どちらもあなたの選択です。自分にとって望ましい方向性を「選ぶ」ためには、まず気づくことが大切です。「気づくこと」と「選ぶこと」の機会は、毎日の生活の中で何度も訪れます。そんな機会に出合ったら、それをまさにチャンスと捉え、十分に「気づき」そして「選び」ましょう。

次のページの図に ACT マトリックスのポイントを示しておきました。自分の ACT マトリックスと見比べながら、ACT マトリックスのエクササイズについて振り返ってみてください。

ACT マトリックスでは、「気づくこと」と「選ぶこと」の 2 つがトレーニングの最大のポイントです。

2018 年と 2019 年の秋に、ACT マトリックスの開発者の一人であるベンジャミン・ショーエンドルフ氏のワークショップが日本で開催されました。とても素晴らしいワークショップで、私は ACT マトリックスについて多くを学ぶことができました。その中で、いろいろなエクササイズを体験させていただきましたが、彼が最もよく使った言葉は「気づく」と「選ぶ」でした。いかに自分自身のこころの変化に気づくか、自分の価値、大切な人に対してどのように振る舞いたいのかに気づくか、その重要性が強調されました。そして、**気づく** ことができたら、行動に移す前にいったん立ち止まり、右に行くのか左に行くのかを「選ぶ」こと、その選択の積み重ねの必要性が強調されていました。この 2 つのキーワードは、ACT の本質を表す言葉でもあります。

日本ではまだ、この ACT マトリックスを紹介した本はありませんし、英語の本も 2 冊あるだけです（Polk et al., 2016; Polk et al., 2014）。本書を通して、また『ACT マトリックス・カード』を通して、ACT の世界を実践していくときに、このような方法があるということに多くの人が関心を持ってくれればと願っています。

五感の体験

向かう

新たな挑戦
・ゴール
5

長期のゴール
4

中期のゴール
3

短期のゴール
2

すぐできるゴール
1

大切なこと

大切な人

自分の中の違いに気づく

こころの体験

望ましくない
思考・感情・感覚

離れる

やっかいな思考
（価値に対し戦っている思考）

不快な身体的感覚
（最も取り去りたい体感）

困難な感情
（回避に関係している感情）

頭痛、腹痛、下痢
じんましん、かゆみ

体験の回避

自分だけが頑張っている
他の人は怠けている
試す意味がない
自信がない

不安、悲しみ、心配
イライラ、モヤモヤ、ムカつく

向かう

離れる

五感の体験

こころの体験

自分の中の違いに気づく

文　献

Cassidy, S., Roche, B., & Hayes, S.C. (2011). A relational frame training intervention to raise intelligence quotients: A pilot study. *The Psychological Record*, 61, 173-198.

Catania A.C., Shimoff, E., & Matthews B.A. (1989). An Experimental Analysis of Rule-Governed Behavior. In: Hayes S.C. (eds) *Rule-Governed Behavior*. Springer, Boston, MA.

Dixon, M.R., Whiting, S.W., Rowsey, K., & Belisle, J. (2014). Assessing the relationship between intelligence and the PEAK relational training system. *Research in Autism Spectrum Disorders*, 8, 1208-1213.

Dougher, M.J., Hamilton, D.A., Fink, B.C., & Harrington, J. (2007). Transformation of the discriminative and eliciting functions of generalized relational stimuli. *JEAB*.

Eifert, G.H. & Forsyth, J.P. (2009). *Acceptance & Commitment Therapy for Anxiety Disorders: A Practitioner's Treatment Guide to Using Mindfulness, Acceptance, and Values-Based Behavior Change Strategies.* 邦訳書：『不安障害のための ACT』(2012). ゲオルグ・H・アイファート，ジョン・P・フォーサイス著，三田村仰，武藤崇監訳，星和書店.

Harris, R. (2009). *ACT Made Simple: An Easy-to-Read Primer on Acceptance and Commitment Therapy.* 邦訳書：『よくわかる ACT』(2012). ラス・ハリス著，武藤崇監訳，星和書店.

Harris, R. (2013). *Getting Unstuck in ACT: A Clinician's Guide to Overcoming Common Obstacles in Acceptance and Commitment Therapy.* 邦訳書：『使いこなす ACT』(2017). ラス・ハリス著，武藤崇監修，三田村仰ほか監訳，星和書店.

Hayes, S.C. (1989). *Rule-Governed Behavior: Cognition, Contingencies, & Instructional Control.* Context Press, Reno, NV.

Hayes, S.C., Barnes-Holmes, D., & Roche, B., eds. (2001). *Relational Frame Theory: A Post-Skinnerian Account of Human Language and Cognition.* New York: Plenum Press.

Hayes, S.C. & Smith, S. (2005). *Get Out of Your Mind & Into Your Life: The New Acceptance & Commitment Therapy.* 邦訳書：『ACT をはじめる』(2010). スティーブン・C・ヘイズ，スペンサー・スミス著，武藤崇ほか訳，星和書店.

Hayes, S.C., Strosahl, K.D., & Wilson, K.G. (2012). *Acceptance and Commitment Therapy: The Process and Practice of Mindful Change, 2nd ed.* 邦訳書：『アクセプタンス＆コミットメント・セラピー（ACT）第 2 版』(2014). スティーブン・C・ヘイズ，カーク・D・ストローサル，ケリー・G・ウィルソン著，武藤崇ほか監訳，星和書店.

Hayes, S.C., Wilson, K.G., Gifford, E.V., Follette, V.M., & Strosahl, K.D. (1996). Experiential avoidance and behavioral disorders: A functional dimensional approach to diagnosis and treatment. *Journal of Consulting and Clinical Psychology*, 64, 1152-1168.

Polk, K.L., Schoendorff, B., Webster, M., & Olaz, F.O. (2016). *The Essential Guide to the ACT Matrix: A Step-by-Step Approach to Using the ACT Matrix Model in Clinical Practice* (English Edition). Context Press.

Polk, K.L., Schoendorff, B., & Wilson, K.G. (2014). *The ACT Matrix: A New Approach to Building Psychological Flexibility Across Settings and Populations* (English Edition). Context Press.

Premack, D. & Woodruff, G. (1978). Does the chimpanzee have a theory of mind? *Behavioral Brain Sciences*, 1, 515-526.

Rehfeldt, R.A., Dillen, J.E., Ziomek, M.M., & Kowalchuk, R.K. (2007). Assessing relational learning deficits in perspective-taking in children with high-functioning autism spectrum disorder. *The Psychological Record*, 57, 23–47.

Sidman, M. & Tailby, W. (1982). Conditional dliscrimination vs. matching to sample : An expansion of the testing paradigm. *JEAB*, 37, 5-22.

Skinner, B.F. (1957). *Verbal Behavior*. New York: Appleton-Century-Crofts.

Schoendorff, B. *ACT Matrix Cards*. 日本語版:『ACTマトリックス・カード』(2019) ベンジャミン・ショーエンドルフ著, 刎田文記訳, 星和書店.

山本淳一 (1992). 刺激等価性―言語機能・認知機能の行動分析―. 行動分析学 , 7, 1, 1-39.

*注:本書に掲載した図は、筆者が作成して株式会社スタートラインで使用している資料をもとに改変・作成したものです。

おわりに

　私たちのこころの問題は、私たちが持っている言葉の力、特に言葉の力の
ダークサイドが影響しています。

　言葉の力のダークサイドは、「ルール」という言葉で私たちの前に現れる
ことがよくあります。憲法や法律、規則などの社会的なルールは私たちが属
している共同体で誰もが支えあい、認めあいながら共により良く生きていく
ためのルールなので、とても大切なものです。私たちの周りには他にもいろ
いろなルールがあります。学校や会社のルール、家族のルール、私たち自身
の中の自分のルールなどです。これらの小さな共同体のルールや自己ルール
は、それぞれに決められ、守るよう求められますが、そんな時、言葉の力の
ダークサイドが現れやすくなります。あなたが、「〜しなければならない」
「〜すべきだ」「〜すればいいのだ」といった言葉でルールを守ることに固執
しはじめていたら、それは言葉のダークサイドに引き込まれはじめているの
かもしれません。共同体のルールであれ自己ルールであれ、そのルールには
目的があります。その目的が、誰かを尊重し、認め、支えあうためのもので
あれば、大きな社会的ルールと同じ方向を向いているかもしれませんが、そ
れが自分や組織を守り、誰かを制限し排除するようなルールであれば、それ
はダークサイドへと向かうルールになっているかもしれません。

　私たちの生活の中には、文字になっているものもなっていないものも含め
て、たくさんのルールが存在しています。それらのルールが私たちの望む社
会、望む生き方、価値に向かっていくようなものなのか、それともそこから
離れていくようなものなのかを見定め、選び、実行していくことは私たち一
人ひとりの選択です。

どんな言葉でルールを紡ぐのか、どんなルールが私たちの価値に合っているのかを考え、選んでいくことが、私たちが言葉のダークサイドと向きあい、つきあっていくための知恵なのかもしれません。

　私たちは、私たちの大切な言葉を自分から引きはがして捨て去ることはできません。しかし、つきあい方、向きあい方を変えていくことはできます。

　そんなつきあい方や向きあい方を教えてくれるのが ACT という方法です。ACT にはさまざまなエクササイズがあり、それを実践していくと、言葉とのつきあい方を変えることができ、こころに余裕を持つことができます。

　こころに余裕を持つことができると、自分にとって大切な人や大切なこと（価値）に向かって、自分の時間や力を使うことができるようになります。

　しかし、価値に向かおうとすると、途端に私たちのこころの中で言葉のダークサイドが頭をもたげてきて、そちらに進むことを妨げようと働きかけてくるのも事実です。

　価値に向かって進み続けていくためには、少しばかりの勇気と続ける力が必要です。勇気のキャンドルに火を灯し、その火を消さないように注意深く慎重に行動していきましょう。

　ACT を使いこなして、ゆっくりと人生の価値に向かって歩みつづけるということを、これから先も実践していただければと思います。

音声マーク 🔊 のあるエクササイズ一覧

　このエクササイズは音声を聴きながら行うことができます（本書の文面とはやや異なります）。

　以下の URL の中の専用リンクバナーを押して、ID とパスワードを入力してください。

http://www.seiwa-pb.co.jp/search/bo05/bn1003.html

　　　ID（ユーザー名）：　act

　　　パスワード：　exercise4851

音声提供：株式会社スタートライン

■著者略歴

刎田文記（はねだ　ふみき）

株式会社スタートライン CBS ヒューマンサポート研究所。
障害者職業カウンセラー、公認心理師。
1989 年立命館大学卒業。1991 年明星大学大学院修士課程修了。日本障害者雇用
促進協会（現 独立行政法人高齢・障害・求職者雇用支援機構）での勤務などを
経て、現在に至る。専門分野は応用行動分析、言語行動理論、関係フレーム理
論、ACT、障害者の職業リハビリテーション。

こころがふわっと軽くなる ACT（アクセプタンス&コミット
メント・セラピー）

2020 年 6 月 11 日　初版第 1 刷発行

著　　者　刎田文記
発行者　石澤雄司
発行所　株式会社星和書店
　　　　〒 168-0074　東京都杉並区上高井戸 1-2-5
　　　　電話　03（3329）0031（営業部）／03（3329）0033（編集部）
　　　　FAX　03（5374）7186（営業部）／03（5374）7185（編集部）
　　　　http://www.seiwa-pb.co.jp

印刷・製本　株式会社 光邦

© 2020 刎田文記／星和書店　　Printed in Japan　　ISBN978-4-7911-1055-1

ACTマトリックス・カード

ベンジャミン・ショーエンドルフ 著　刎田文記 訳
箱入りカード (9.8×13.6×2.7cm) 53枚 (52枚＋付属カード1枚)
定価：本体 3,500円＋税

豊富なイラストで、直観的にアクセプタンス＆コミットメント・セラピー (ACT) に基づく行動を理解し、実践することを助けるツール。ACTの考え方や行動の仕方を学ぶのに、52枚のカードが役立つ。

ACT (アクセプタンス＆コミットメント・セラピー) をはじめる

セルフヘルプのためのワークブック

S・C・ヘイズ，S・スミス 著　武藤崇, 他 訳
B5判　344p　定価：本体 2,400円＋税

ACTは、新次元の認知行動療法といわれる最新の科学的な心理療法。本書により、うつや否定的思考をスルリとかわし、よりよく生きる方法を身につけることができる。楽しい練習課題満載。

関係フレーム理論(RFT)をまなぶ

言語行動理論・ACT(アクセプタンス＆コミットメント・セラピー)入門

ニコラス・トールネケ 著　山本淳一 監修　武藤崇, 熊野宏昭 監訳
A5判　396p　定価：本体 2,800円＋税

ACTの基礎となるRFTについて、その概略と臨床適用のポイント、前提となる機能的文脈主義やオペラント学習の理論、スキナーによる言語行動やルール支配行動について分かりやすく解説する。

発行：星和書店　http://www.seiwa-pb.co.jp